ALBERTO PERUFFO - LUCA STEFANO CRISTINI

LA BATTAGLIA DI CAPO COLONNA 982

LA SFIDA DELL'IMPERO ALL'ISLAM

BATTLEFIELD 012

 SOLDIERSHOP PUBLISHING

AUTORE - AUTHOR:

Alberto Peruffo, nato a Seregno nel 1968, laureato all'Università degli Studi di Milano. Ha cooperato con la Sovrintendenza archeologica di Milano. Collabora con alcune riviste di storia, insegnante di storia. Ha pubblicato i seguenti saggi storici: "I corsari del Kaiser" "Marvia editrice", Lega Lombarda 1158 – 1162. La battaglia di Carcano, "Chillemi edizioni", Il trionfo della Lega Lombarda 1174-1176, "Chillemi edizioni", La supremazia di Roma, battaglie dei Cimbri e dei Teutoni, "Keltia editrice", Storia militare degli Ostrogoti, da Teodorico a Totila, "Chillemi edizioni".

BATTLEFIELD

BattleField, è la collana che analizza i campi di battaglia dal punto di vista "oggi e allora" Offrendo prospettive inedite ed interessanti per lo studio degli scontri principali della storia attraverso armi, uniformi e mappe storiche di eserciti e soldati impegnate nelle più famose campagne militari. La collana è caratterizzata da una linea di colore rosso sulla copertina.

ISBN: 9788893271042   1a edizione: Maggio 2016

Title: Battlefield 012 - LA BATTAGLIA DI CAPO COLONNA 982
Di Alberto Peruffo. Editor: Soldiershop publishing. Cover & Art Design: Luca S. Cristini. Illustrazioni a colori di Luca S.Cristini.

In copertina : Scontro tra cavallerie avversarie. I cavalieri sono dotati di staffe ma usano ancora la lancia dall'alto verso il basso. (dal libro dei Maccabei di San Gallo del 924 anno Domini).

INTRODUZIONE

Nella piana del campo di battaglia di Lechfeld, la sera del 10 agosto 955, Ottone I di Sassonia, detto il Grande, veniva alzato sugli scudi dai grandi del regno tedesco, riconfermando il suo ruolo regale con l'antica cerimonia germanica d'investitura.

Lo scontro che si svolse nella valle del fiume Lech vicino ad Augusta fu un evento fondamentale per la civiltà europea. In quell'occasione i Magiari (o Ungari) venivano definitivamente sconfitti dalle armate germaniche mettendo fine ad oltre un secolo di devastanti scorrerie in occidente. Fu una giornata particolarmente sanguinosa con la vittoria in bilico tra i due schieramenti. Molti i caduti tra le forze di Ottone, tra essi il duca di Lotaringia Corrado, genero del sovrano sassone, ma, alla fine, la cavalleria pesante occidentale si dimostrò superiore alla cavalleria leggera armata di arco e frecce dei Magiari i quali vennero completamente annientati dalla compattezza e disciplina delle forze tedesche.

Da quel momento i Magiari non varcarono più i confini dell'Ungheria e furono poi assimilati alla cultura cristiana occidentale. Stessa sorte era occorsa all'altra grande minaccia che aveva tormentato l'occidente Europeo in quei secoli, contribuendo all'anarchia generale che gravava su popolazioni una volta prospere. Come i Magiari i vichinghi avevano predato e razziato intere nazioni mettendo in pericolo la stessa civiltà cristiana e, a differenza dei Magiari, non furono sconfitti da un esercito cristiano in modo definitivo, anzi, si installarono spesso sui territori conquistati colonizzandoli, come gli riuscì in Normandia, in vaste aree della Gran Bretagna e in Russia. Rispetto ai Magiari la loro cultura era però più affine a quella dei popoli germano celti che avevano attaccato, bastò loro abbracciare la religione cristiana per rientrare nel novero delle popolazioni che gli autoctoni cristiani consideravano come civili. I Normanni daranno anzi un importante contributo allo sviluppo della cultura occidentale del medioevo, tanto che nell'XI secolo si metteranno a capo dell'espansionismo europeo verso oriente, condizionando le abitudini e i costumi del periodo centrale del medioevo in tutta Europa. Un'altra grave minaccia aveva contribuito al ristagno della cultura dell'Europa occidentale del primo medioevo. Se Vichinghi e Magiari imperversavano rispettivamente nel nord e centro Europa i Saraceni si occupavano dell'area mediterranea sin dall'VIII secolo, riuscendo ad annientare antichi popoli, come i Visigoti in Spagna, terrorizzando e occupando numerose aree costiere in altri paesi mediterranei. Solo la vittoria navale davanti a Costantinopoli nel 717, dovuta anche all'utilizzo di quel lanciafiamme ante litteram che era il fuoco greco imbarcato sulle navi bizantine, aveva salvato in extremis l'Impero Romano d'Oriente da una sicura distruzione. Si ebbe però la perdita di vaste e ricche provincie un tempo totalmente cristiane, come l'Egitto e tutto il nord Africa che erano state la culla della religione degli apostoli.

Delle tre minacce che opprimevano l'Europa degli ultimi secoli di fine millennio solo il pericolo saraceno si rivelerà inesorabilmente ostile all'occidente cristiano. Troppo distanti le due culture, con i Musulmani spronati alla guerra dalla loro potente ideologia religiosa che li incoraggiare alla conquista e, contemporaneamente, a sradicare le millenarie culture che, di volta in volta, cadevano sotto il loro giogo. Solo con una guerra inesorabile i cristiani, anche se spesso divisi, riusciranno a bloccare con Carlo Martello l'avanzata mussulmana in Francia a Poitiers nel 732 per poi strappare ai Saraceni la Spagna da loro riconquistata in un processo lungo secoli.

In altre regioni dell'Europa meridionale i cristiani si trovarono ad affrontare gli stessi problemi. A volte erano le popolazioni locali che riuscivano a sbarazzarsi del problema, qualora l'occupazione nemica non aveva ancora assunto i connotati di una colonizzazione, in altre occasioni furono i Bizantini che se ne fecero carico una volta superata la crisi politica e religiosa che li aveva prostrati fin dal VII secolo.

In un'occasione fu l'imperatore germanico che tentò di arginare il pericolo musulmano, questo accadde in Italia meridionale con Ottone II, figlio del vincitore di Lechfeld, che cercò di ottenere una vittoria che potesse uguagliare quella del padre, mettendo fine alle razzie dei Saraceni e al rischio di una loro espansione nell'area delle coste tirreniche.

Alberto Peruffo

INDICE:

Introduzione .... Pag. 3

La situazione in Italia .... Pag. 5

L'impero bizantino in Italia .... Pag. 11

Gli opposti comandanti .... Pag. 19

Le opposte armate .... Pag. 23

Le ambizioni imperiali .... Pag. 37

La guerra santa saracena .... Pag. 41

La campagna di Ottone del 982. .... Pag. 45

La battaglia di Capo Colonna .... Pag. 47

Rocambolesca fuga dell'imperatore .... Pag. 53

Conseguenze .... Pag. 57

Conclusioni .... Pag. 61

Cronologia .... Pag. 66

Bibliografia .... Pag. 67

*Gli eventi umani non svaniscano con il tempo e le imprese grandi e meravigliose,
compiute sia dai Greci che dai Barbari, non diventino prive di gloria …*

(Erodoto; "Le Storie", Libro primo)

LA SITUAZIONE IN ITALIA

Un ipotetico pellegrino che avesse viaggiato per la penisola italica nel X secolo, avrebbe potuto osservare un panorama disseminato di antiche rovine a testimonianza dell'epoca classica. Rispetto ai tempi di quel glorioso passato il paesaggio era ormai in gran parte coperto da boschi e foreste, particolarmente fitte nella zona del basso Po. Malsane paludi avvelenavano l'aria a discapito di chi, malauguratamente, capitava a passare nei paraggi di questi acquitrini insalubri. Infatti molti eserciti e personalità eminenti ne faranno le spese in quegli anni.

Acquedotti e ponti romani, ormai in disuso da tempo, puntellavano il paesaggio, mentre le grandi strade consolari, ancora ampiamente usate dai contemporanei, spesso scomparivano sotto i rovi, le paludi o le frane.

La popolazione italica dall'epoca carolingia era in costante aumento anche se la densità demografica era ancora molto bassa, maggiore al nord dove vi erano importanti città, mentre al sud vaste aree erano completamente spopolate.

Il regno d'Italia era limitato alle regioni del nord Italia fino alla Toscana e alle Marche dove confinava con i possedimenti pontifici. Il popolo longobardo si era ormai in parte fuso con le popolazioni autoctone, così come la sua nobiltà che, fino alla conquista di Carlo Magno deteneva il potere, si ritagliava ora una nuova posizione come feudatari di secondo piano, detti secondi milites, alle dipendenze dei grandi principi franchi.

Nel centro sud Italia rimanevano gli ultimi ducati longobardi, sottomessi formalmente ai Franchi ma di fatto indipendenti, il Ducato di Spoleto e quello di Benevento, dove l'esigua nobiltà longobarda manteneva ancora una certa separazione con il resto della popolazione, usando tra loro ancora la lingua germanica che nel nord andava ad affievolirsi a contatto con le lingue latino celtiche di substrato.

Al centro della penisola dominava il papato che, grazie ai Franchi, aveva consolidato e aumentato i territori su cui esercitare un effettivo potere. Potere che si manifestava indirettamente anche sul resto d'Europa grazie anche all'influenza sulla nomina degli imperatori, legittimati a governare grazie all'investitura papale dall'epoca di Carlo Magno, epoca in cui Roma si allontanava definitivamente dalla sfera d'influenza bizantina.

Il X secolo viene definito dagli storici come il secolo di ferro del papato. In pochi anni si susseguirono numerosi papi, alcuni giovani altri decrepiti, spesso vittime di congiure o malamente assassinati in un clima di intrighi e rivolte popolari. In quel periodo infatti il soglio pontificio venne invischiato nelle lotte politiche cittadine che si riverberavano sulle lotte dinastiche per il dominio del regno d'Italia e sul diritto d'investitura del trono imperiale.

Berengario era stato l'ultimo re d'Italia, dopo di lui la corona verrà cinta solo da sovrani germanici, con la breve parentesi del regno d'Arduino d'Ivrea alla morte di Ottone III, la cui autorità era però ampiamente contestata.

Nel dicembre del 950 Berengario marchese d'Ivrea venne incoronato re. Con lui si chiuse un tormentato periodo per il regno che vide accendersi gli appetiti dei nobili d'oltralpe, alternativamente Francesi e Tedeschi. Egli dovette lungamente contendere la corona al re sassone Ottone I che alla fine riuscirà a sconfiggere definitivamente il re italiano, venendo incoronato imperatore a Roma il 2 febbraio 962 da papa Giovanni XII che ne aveva invocato l'aiuto contro Berengario. Da quel momento in poi i sovrani del regno d'Italia saranno sempre germanici per molti secoli a venire, con la già citata eccezione del breve e contestato regno d'Arduino intorno all'anno mille.

Il primo di questi sovrani fu quindi il vincitore di Lechfeld, che, per distinguerlo dai suoi successori con lo stesso nome, sarà chiamato Ottone il grande.

Ottone poteva reclamare il trono italico in virtù del fatto che la moglie Adelaide di Borgogna era stata regina del regno grazie al matrimonio con Lotario (figlio del re d'Italia Ugo di Provenza e a lui associato al trono) dal 947 fino al 950, anno di morte di Lotario, probabilmente avvelenato da Berengario II margravio d'Ivrea. Lo stesso che nel 951 farà imprigionare Adelaide nel castello del Garda, da dove però riuscirà a fuggire per la Germania mettendo fine alle mire di Berengario che la voleva unita in matrimonio con il figlio primogenito Adalberto. Questo permise ad Ottone, vedovo ormai da cinque anni, di risposarsi con Adelaide a Pavia nello stesso 951. Del resto, in passato, anche Berengario aveva più volte manifestato il suo vassallaggio al re tedesco in cambio del suo aiuto nel mantenere il regno in Italia, promettendo a Ottone un'obbedienza che si guarderà bene dal mantenere nei fatti.

Nella sua lunga permanenza in Italia, tra il 961 e il 965, Ottone dovette assediare Berengario e i suoi fedeli nelle più munite fortezze del regno dell'epoca. Berengario, assediato nella guarnita fortezza di San Leo, vicino a San Marino, si arrenderà solo nel natale del 963, mentre i figli Adalberto e Guido continueranno la guerriglia in centro e nord Italia ancora per qualche tempo. Guido cadrà in combattimento poco dopo la resa di San Leo.

Ottone mantenne una separazione tra le cancellerie del regno Tedesco e quello d'Italia, per lui e i suoi contemporanei non si trattava altro che di governare un altro popolo che si sommava ai Bavaresi,

agli Svevi e ai suoi Sassoni, ognuno con caratteristiche proprie e dignità di regno, tanto che il cronista Thietmar (chiamato diversamente a seconda degli autori successivi come Ditmaro, Tietmaro o Titmaro) di Merseburgo li contraddistingueva per le loro caratteristiche; "gli avidi Bavaresi che piangono miseria, gli astuti Svevi sempre pronti allo scherzo, i riottosi e volubili Lorenesi sempre pronti alla ribellione e i fedeli Sassoni". In Italia l'imperatore non stravolse la struttura del regno formati da numerosi potentati feudali laici o religiosi che si spartivano il territorio. Ottone si limiterà a confermare i vari privilegi ai feudatari che si mostreranno fedeli al nuovo sovrano, assegnando però le marche di Verona e Aquileia definitivamente al ducato di Baviera, essendo le vie strategiche di collegamento con la Germania tramite il passo del Brennero e del Tarvisio. Nel sud del regno i ducati longobardi saranno sempre fedeli all'impero sia in funzione antipapale che antibizantina, pur mantenendo l'indipendenza dei loro territori. Campione di questa politica sarà il valoroso Pandolfo (Pandulf) Capodiferro principe di Benevento e Capua e duca di Spoleto e Camerino dal 967, nonché principe di Salerno nel 977, fedele alleato degli Ottoni e nemico giurato di Bizantini e Saraceni, a cui va il merito di aver unito la Langobardia Minor come erano chiamati i principati anticamente occupati dai Longobardi nel sud Italia.

Nella sua visone politica Ottone confermerà poi il celibato dei preti, dettando norme precise sul duello giudiziario che doveva sostituire la consuetudine italica del giuramento durante i dibattimenti legali.

Deluso dalla politica imperiale di Ottone fu invece colui che lo aveva incoronato imperatore, papa Giovanni XII che sperava di venire in possesso dell'Esarcato come promesso da Ottone stesso, impegno che si guardò bene da mantenere. Giovanni XII alleatosi con Adalberto contro Ottone verrà da quest'ultimo dichiarato decaduto, poi verrà miseramente assassinato.

La presenza di Ottone a Roma gli permise di gestire l'elezione di un papa a lui favorevole e

▶ *Costumi militari post-carolingi. Le lance hanno tutte le alette a ridosso delle punte come in uso all'epoca. (Stiftsbibliothek, libro dei Salmi da San. Gallo, IX secolo)*

◀ *Moneta raffigurante Ottone I*

Borgo... Bavie... Carinzia Ungheria

Regno di Lombardia

Marchesato di Verona

Genova

Marchesato di Toscana

Romagna

Venezia

Repubblica di Venezia

Croazia

Pisa

Zara

Spalato

Corsica (disputato)

Stato Pontificio

Roma

Ducato di Spoleto

Principato di Benevento

Giudicati

Principato di Capua

Ducato di Amalfi

Principato di Salerno

Impero bizantino

Capo Colonna

Palermo

Reggio

Emirato di Sicilia

Siracusa

Italia
1000

impedire così ai patrizi romani d'intervenire direttamente sulle elezioni future dei papi, come era stato fino ad allora, senza l'assenso del sovrano sassone e dei suoi discendenti. Questa ingerenza negli affari ecclesiasti rientrava nelle prerogative degli imperatori che vedevano il loro potere discendere direttamente da Dio, conferendo sacralità alla figura dell'imperatore. Ottone, dopo aver represso energicamente la riottosa nobiltà romana, porterà a una proficua collaborazione tra papato e impero che si protrarrà per tutta l'epoca ottoniana.

Questa collaborazione si manifesterà in particolare contro i Musulmani, vero flagello per l'Europa meridionale e dell'Italia già da oltre un secolo.

Nel nord la minaccia islamica si era concretizzata con le continue scorrerie che provenivano dal covo di pirati di Frassineto, villaggio di pescatori situato presso Saint Tropez, dove, i Saraceni, si erano insediati alla fine del IX secolo. Da quella base i Musulmani bloccavano i passi alpini tra Italia e Francia come il Frejus e razziavano stagionalmente gli attuali Piemonte, Liguria e, passando per il Moncenisio, la valle di Susa, saccheggiando Tortona e Genova fino a raggiungere il cuore dell'Europa nel Delfinato e l'attuale Svizzera meridionale verso St Moriz, Coira e il monastero di San Gallo, distruggendo al loro passaggio chiese e conventi, catturando Cristiani riducendoli a schiavi da vendere in Africa. Nessuno si impegnò a debellare la minaccia saracena. I monarchi cristiani, su cui ricadeva l'incombenza di quei territori, malgrado a parole s'impegnavano nel voler cacciare i predoni, in realtà stringevano accordi e alleanze con i Saraceni di Frassineto per interessi personali disinteressandosi dei loro sudditi. Solo una coalizione di signori locali, durante il regno di Ottone II, guidati da Guglielmo I di Provenza, riuscirà a sconfiggere i Saraceni a Tourtur e debellare definitivamente il covo di Frassineto.

Nell'Italia centro meridionale le cose andavano anche peggio. Da quando nell'831 i Napoletani avevano chiamato i Saraceni, per aiutarli a difendersi dal ducato longobardo di Benevento (anche successivamente i Napoletani manterranno un atteggiamento ambiguo verso i Saraceni) numerosi saranno i nidi di pirati saraceni che si creeranno lungo le coste dell'Italia centro meridionale. Padroni del mare, nell'846, i pirati saraceni avranno l'ardire di attaccare Roma stessa mettendo a sacco le basiliche di San Pietro e San Paolo, allora esterne alle mura aureliane, non trovando praticamente alcuna resistenza da parte dei locali. Dopo quell'episodio papa Leone farà circondare il Vaticano da mura protettive collegate alle mura aureliane cittadine. Nello stesso anno del saccheggio una coalizione di città marinare, unite in alleanza nella Lega Campana, riusciranno a sconfiggere e annientare la flotta saracena nelle acque antistanti a Ostia.

Malgrado la vittoria cristiana il flusso saraceno dal nord Africa sarà continuo, permettendo ai Musulmani d'installarsi nel Gargano, a Bari, nel golfo di Policastro e a Agropoli nel Cilento. Da qui compiranno le loro scorrerie nell'entroterra saccheggiando località importanti come Monte Cassino, traendo la loro principale ricchezza da prigionieri fatti schiavi da vendere nei porti del nord Africa, in una modalità che continuerà ininterrotta fino al XVIII secolo dove si continuerà a vivere con apprensione il pericolo dei mori in tutto il mondo mediterraneo e anche oltre, tanto che nel XVII secolo una flotta di pirati provenienti dal nord Africa raggiungerà perfino la lontana ed indifesa Islanda per procacciarsi schiavi da vendere ai vari emirati.

A Bari realizzarono addirittura un emirato che per i Musulmani equivale a un regno. La città bizantina fu conquistata da un mercenario musulmano nell'847 al soldo del gastaldo longobardo Radelchi. Il capo dei mercenari musulmano scoprì un passaggio nell'acquedotto cittadino che portava dentro le mura, approfittando di questo accesso conquistò la città mettendo a morte il gastaldo, suo datore di lavoro, annegandolo brutalmente. Da quel momento i duchi longobardi cercarono inutilmente di rioccupare l'importante centro marittimo, solo i Franchi dell'imperatore Ludiovico II, chiamati dagli abati di Montecassino, minacciati più volte da questa enclave araba, riusciranno a rioccupare l'emirato di Bari nell'871 dopo una serie infruttuosa di tentativi.

In particolari circostanze favorevoli i saraceni si stabilivano sul territorio creando delle basi di partenza per le loro scorrerie. La Sicilia si prestava in modo ottimale a questo scopo, dal punto di vista geografico è strategicamente al centro del Mediterraneo, ideale per i controlli dei traffici e per ogni conquista futura.

Già a partire dalla metà del VII secolo vi furono sbarchi Musulmani nell'isola ma solo nell'estate dell'827 i saraceni della dinastia degli Aghalabiti, chiamati in aiuto dal comandante della flotta bizantina di Sicilia Eufemio che si era ribellato all'impero, sbarcarono con un forte contingente di 40.000 uomini da tutte le regioni del mondo musulmano, in cui militavano Arabi, Berberi, Spagnoli, Africani e persino Persiani, una moltitudine a cui difficilmente le forze bizantine potevano opporsi in quel momento.

Vi era, tra l'altro, un profondo odio della popolazione locale verso i funzionari imperiali, spesso avidi e corrotti che avevano poco interesse per il benessere della popolazione autoctona già vessata da pesanti tributi per mantenere gli eserciti dell'impero.

I Saraceni, approfittando della debolezza dell'impero bizantino dell'epoca, riuscirono a costituire una testa di ponte nella Sicilia Occidentale e da lì compiere una rapida avanzata che scacciò i Greci dall'isola. Palermo cadde nell'832. Fonti mussulmane scrivono che dei 70.000 abitanti soltanto 3.000 rimasero in vita, le atrocità saracene durante la conquista furono numerose, come a Selinunte dove i difensori vennero addirittura bolliti vivi. Da quel momento la conquista della parte orientale dell'isola fu lunga e contrastata. Siracusa, che nel 660, per un breve periodo fu capitale dell'impero bizantino sotto Costante II, cadrà solo nel 877.

La conquista cominciata sotto gli Aghalabiti si concludeva sotto il regno dei Fatimidi che li avevano sostituiti nel governo del nord Africa, governo che vide la Sicilia coinvolta nelle lotte intestine tra i vari principati islamici, tanto che, all'inizio del X secolo, l'emiro Qurhub ribellandosi riuscì a rendere l'isola indipendente prima che nel 917 i Fatimidi rioccuparono l'isola grazie all'aiuto dei guerrieri berberi che consegneranno il ribelle ai Fatimidi stessi. Solo allora la Sicilia andò a prendere il suo nome dall'arabo Siqilliyah, vivendo un periodo di relativa prosperità, dove le aree sulla costa erano più islamizzate di quelle dell'interno e i cristiani pagavano una tassa ai tolleranti Musulmani che lasciavano tranquille le popolazioni delle religioni sottomesse.

A questo stato di cose i bizantini non si rassegneranno e tenteranno di rioccupare l'isola senza successo fino alla pace del 967 che segnò la perdita ufficiale dell'isola per l'impero di Costantinopoli.

L'IMPERO BIZANTINO IN ITALIA

La fine del VII e il IX secolo sono ricordati dagli storici come gli anni oscuri di Bisanzio, invasioni esterne e dispute interne per il potere avevano indebolito l'impero. La perdita del Levante e di tutto il nord Africa cristiano ridimensionarono i possedimenti di Costantinopoli. Solo a partire dalla metà del IX secolo i Bizantini tornarono alla riscossa riconquistando parte del territorio perduto come la città di Bari, capitale del Thèma di Langobardia, strappandola all'arroganza dei Franchi alla morte dell'imperatore Ludovico avvenuta nell'estate 875 vicino a Brescia, sepolto poi nella basilica di Sant'Ambrogio a Milano.

Malgrado queste difficoltà l'Impero Romano d'Oriente era ancora una civiltà ricca e temuta, nella tecnologia degli armamenti era all'avanguardia, mentre Costantinopoli era la città più grande d'Europa.

In Italia il sistema di governo bizantino si basava su provincie dette Thèmi, ogni Thèma era governato da uno stratega, che governava geloso delle proprie prerogative. Dopo la perdita della Sicilia rimanevano tre Thèmi sul continente; il Thèma di Calabria, di Lucania e di Longobardia, quest'ultimo, corrispondente all'attuale Puglia, era il più importante con Bari come capoluogo.

Questi luoghi erano stati a lungo contesi, prima contro i principati longobardi del sud e poi contro i Saraceni, persino gli Ungari vennero a depredare la Puglia verso la metà del X secolo.

Brindisi venne saccheggiata e data alle fiamme dai Musulmani già nell'836 rimanendo abbandonata per anni per essere poi ricostruita e ripopolata dai bizantini di Basilio II e Costantino VIII.

Taranto ebbe a subire danni in proporzioni anche maggiori: venne assediata nel 924 da 44 vascelli al comando di Sabir inviato dal sultano fatimita al-Mahdiyah, che distrusse la città dopo aver ucciso tutte le donne e deportati gli uomini superstiti che vennero venduti come schiavi in Africa. La città rimase per oltre 40 anni una desolata landa di rovine. Fu ricostruita e ripopolata soltanto al tempo del regno dell'imperatore Niceforo II Foca. La posizione strategica della città, con la sua conformazione sul mare con le sue baie naturali ne facevano, oggi come allora, un ottimo punto d'attracco, quindi i bizantini decisero di riedificarla nonostante fosse sempre esposta agli attacchi dei pirati saraceni.

Niceforo II Foca fu imperatore dal 963, brillante generale continuò l'opera di consolidamento dell'impero contro i tanti nemici che lo circondavano. Fu proprio durante il suo regno che l'espansione mussulmana in Asia Minore e in Siria si fermò. I Bizantini riuscirono anche a riconquistare Antiochia. L'imperatore ebbe però un particolare riguardo agli affari dei suoi territori italiani.

Sotto il suo regno gli emiri d'Africa e di Sicilia conquistarono nel 963 Taormina dopo un lungo assedio, puntando alla conquista della piazzaforte di Rametta, ultimo centro di resistenza greco nell'isola che venne assediata alla fine d'agosto dello stesso anno da al-Hasan'ibn'Ammar. Un corpo di spedizione bizantino di circa 40.000 uomini venne inviato a soccorso della città assediata, al comando dell'esercito e della flotta vi era l'eunuco Niceta. I Musulmani venuti a conoscenza della spedizione di soccorso intensificarono gli sforzi per occupare Rometta, preparandosi a una battaglia campale, battaglia che avvenne il 25 ottobre del 964, pochi giorni dopo lo sbarco dell'esercito imperiale sulle coste siciliane. I Bizantini subirono una pesante sconfitta con i resti dell'esercito che riuscirono a malapena a raggiungere Reggio Calabria prima che la flotta greca venisse anch'essa sconfitta e dispersa dai saraceni nello stretto di Messina.

Successivamente i Saraceni sbarcavano in Calabria mettendo a sacco le località costiere. Il Thèma di Calabria dovette fornire un pesante tributo ai Saraceni di Sicilia pur di liberarsi dal flagello saraceno. Rometta cadde solo nel maggio del 965 dopo un eroica quanto vana resistenza. Da quella data la Sicilia era totalmente in mani mussulmane: si chiudeva per sempre l'esperienza del Thèma di Sicilia.

Niceforo II Foca visti gli insuccessi contro gli arabi di Sicilia si convinse a trattare con i Fatimidi, dinastia d'Africa discendente dalla figlia di Maometto, stipulando con loro la pace nel 967.

L'attivo imperatore d'oriente non si limitò a normalizzare i rapporti con i Musulmani di Sicilia, egli rafforzò le difese delle Puglie fornendo una flotta autonoma con l'aiuto delle popolazioni locali, in vista anche di una possibile riconquista dell'isola a cui non aveva del tutto rinunciato.

Niceforo II Foca decise poi di riformare i territori bizantini rimasti in Italia unendoli in un unica provincia detta "Catepanato d'Italia", unendo il Thèma di Langobardia e quello di Calabria.

Questo per poter meglio fronteggiare le probabili future minacce Saracene sempre più organizzati e determinati alla conquista del territorio, sfruttando le divisioni e le rivalità presenti tra i Cristiani.

Durante il regno di Niceforo II la Puglia e la Calabria subirono un processo di ellenizzazione tramite lo sviluppo di città come Otranto e la ricostruzione di Taranto, la cui posizione veniva rafforzata dalla realizzazione della fortezza di Tiriolo (Rocca Nicefora) a difesa di Catanzaro.

La religione ortodossa aveva una parte importante nella propaganda imperiale sulle popolazioni di quei luoghi, affermando la liturgia greca a scapito di quella latina. In questa direzione va la creazione di una sede metropolitana di rito greco ortodosso a Otranto.

Anche per questo motivo in Calabria vi furono rivolte contro i dominatori bizantini. Nel 970 vi fu l'insurrezione della città di Rossano, raccontato nella vita di San Nilo, eremita che visse asceticamente in quei luoghi. Rivolta particolarmente grave perchè portò la distruzione dell'arsenale e delle navi in costruzione per la flotta imperiale. Solo l'intervento mitigatore di San Nilo impedì ai soldati bizantini di annientare la comunità locale per rappresaglia.

La pace con i saraceni del 967 permise comunque al vicario imperiale in Italia (magistros) Niceforo, omonimo dell'imperatore, di fronteggiare la minaccia costituita dall'imperatore germanico Ottone I che già dalla sua prima discesa aveva mostrato un certo interesse per le terre dell'Italia meridionale, oltre a cercare un riconoscimento ufficiale da parte bizantina del suo potere in occidente. Perciò Ottone chiedeva a Costantinopoli nozze di una principessa di sangue imperiale con suo figlio. A questo scopo inviò in ambasciata il fido Liutprando di Cremona a Costantinopoli per raggiungere un accordo destinato però a fallire.

Con l'alleanza dei principati longobardi e l'aiuto di Pandolfo Capodiferro, Ottone assediò senza successo Bari nel marzo del 968 che facilmente resistette grazie ai rifornimenti marittimi.

L'imperatore teutonico rimase in Puglia e Calabria tra la fine del 968 e l'estate dell'anno successivo. Le truppe bizantine si asserragliarono nelle loro piazzeforti in attesa che fosse passata la tempesta germanica.

La successiva sconfitta di Pandolfo Capodiferro nella battaglia di Bovino e la sua cattura da parte dei Bizantini nel 969, costrinse Pandolfo in cattività a Costantinopoli. La cattura di Capodiferro non fermò le trattative che però risultarono inconcludenti, così lo riporta il cronista

▲ *Soldati longobardi alleati di Ottone.*

Widukindo di Korvey circa gli avvenimenti di quell'anno: "L'imperatore, prestando troppa fede agli ambasciatori greci, inviò parte del suo esercito e molti dignitari al luogo convenuto con i messi per ricevervi la principessa, che doveva essere scortata da suo figlio Ottone II con tutti gli onori. Ma i Greci fecero ricorso alle arti avite quasi dalla notte dei tempi erano infatti signori di molti popoli, ed erano soliti vincere con l'astuzia quelli che non riuscivano a superare con la forza ed attaccarono improvvisamente i nostri che non sospettavano nulla, cogliendoli del tutto impreparati. Devastarono l'accampamento, uccisero molti uomini, e molti ne portarono prigionieri a Costantinopoli, dal loro imperatore. Quelli che riuscirono a fuggire tornarono da Ottone per riferirgli ciò che era avvenuto. Ottone fu molto colpito, e per cancellare l'onta subita inviò con una forte armata in Calabria Günther (margravio di Meissen) e Sigfrido (probabilmente si tratta del conte di Merseburgo), già famosi per altre imprese compiute in patria e fuori. I Greci, che la precedente vittoria aveva reso presuntuosi ed incauti, caddero nelle loro mani: una sterminata moltitudine fu uccisa ed i superstiti furono rimandati alla Nuova Roma con il naso troncato. Ai Greci di Puglia e di Calabria venne imposto un tributo, quindi Gunther e Sigfrido tornarono dall'imperatore pieni di gloria per l'impresa compiuta e ricchi per il bottino sottratto ai nemici." (Widukindo di Korvey, Gesta dei Sassoni, SRG, III, 71-73). Il racconto di Widukindo non è molto chiaro, probabilmente lo scontro cui accenna all'inizio circa l'attacco di sorpresa dei Bizantini fa riferimento alla sconfitta di Pandolfo Capodiferro.

Dopo la spedizione di Gunther e Sigfrido lo stesso imperatore calerà nei territori bizantini fino a arrivare in Calabria ma il successivo fallimento delle operazioni militari germaniche davanti alla fortezza di Cassano Jonico decise Ottone I a rinunciare all'impresa di conquistare le terre bizantine, per tornare invece in patria.

La successiva morte dell'imperatore Niceforo II Foca, ucciso in una congiura di corte ordita dalla moglie nel 969, portò al trono Giovanni I Zimisce, più interessato ai fatti della frontiera orientale dell'impero, cosa che porterà ad una pace con Ottone I, suggellata a Roma nell'aprile del 972 dal matrimonio del futuro imperatore Ottone II con Teofano (chiamata anche Teofania) principessa bizantina che darà un'impronta mediterranea alla politica del futuro cesare.

La pace portò alla liberazione di Capodferro la cui assenza dalle sue terre aveva creato un clima di anarchia, tanto che nel 970 i Bizantini con i loro alleati Napoletani avevano assediato senza successo Capua devastandone il territorio limitrofo.

Nel 975 riprendono le scorrerie saracene contro il territorio bizantino in Italia, incursioni che vengono dapprima rintuzzate dai Bizantini, i quali riescono anzi a rioccupare la città di Bitonto che era ancora in mano dei Saraceni. Dopo questo successo gli imperiali tentarono di ritornare in Sicilia sbarcando nei pressi di Messina nella primavera del 976, anno in cui viene incoronato il nuovo imperatore Basilio II. Il tentativo si rivelò però un disastro, tanto che le truppe islamiche, guidate dall'emiro di Sicilia Abu-al-Qasim, colui che guiderà l'esercito islamico contro Ottone II alcuni anni dopo, inseguì i bizantini sul continente sbarcando a sua volta ad Amantea (Al-Mantiah cioè "la rocca"), che era già stata eletta a capitale di emirato a metà del IX secolo fino a che venne riconquistata da Niceforo Foca nell'885. Successivamente i Saraceni andranno ad assediare Cosenza che si salvò dalla conquista solo pagando un riscatto.

Lo stesso emiro organizzò una spedizione di più ampio respiro nell'estate dello stesso anno, portando il saccheggio dalla Calabria alla Puglia. In questo raid Abu-al-Qasim occupò la città di

▲ *Incoronazione di Ottone II e Teofano, (copertina di libro del 982 Musée National du Moyen-Âge Cluny)*

▲ *Soldati longobardi alleati di Ottone.*

Taranto, da pochi anni ricostruita e ripopolata. All'avvicinarsi alla città i Saraceni trovarono le porte chiuse senza però segni di vita oltre le mura. I nuovi abitanti di Taranto avevano preferirono darsi alla fuga nelle campagne e nei paesi limitrofi piuttosto che tentare una resistenza alle agguerrite truppe mussulmane. Da Taranto, usata come base, l'emiro spinse poi le sue truppe al saccheggio delle località Pugliesi, solo Gravina resistette grazie alla difesa di soldati provenienti dai principati longobardi di Salerno e di Capua.

Anche in questo caso Abu-al-Qasim si decise a ritornare in Sicilia con il bottino e gli schiavi delle sue razzie dopo aver ottenuto un congruo tributo, lasciando ai bizantini di rioccupare Taranto ormai deserta.

▲ Soldati longobardi alleati di Ottone.

► Immagine di un imperatore, probabilmente Ottone II, che viene incoronata da angeli. L'imperatore sta portando una spada con un pomello vichingo e dotato di una punta di metallo.

GLI OPPOSTI COMANDANTI

OTTONE II (955-983)

Le poche immagini che ritraggono Ottone II, in atteggiamento ieratico secondo gli stilemi bizantini, lo raffigurano come un giovane con la barba in posa solenne e, in effetti, il suo regno non fu lungo quanto quello del padre visto che morì a 28 anni a Roma nell'anno 983.

Figlio di Ottone I e Adelaide di Borgogna era rimasto l'unico maschio erede al trono dopo la morte prematura di Liudolfo nel 956 sul Lago Maggiore. Liudolfo era intento a conquistare il regno italico su ordine del padre, dopo che i due si erano riappacificati al termine di una guerra civile capeggiata dallo stesso Liudolfo contro il regale padre.

Fin dalla più tenera età venne associato al trono con il padre, fu infatti incoronato re di Sassonia e di Germania nel 961 ad Aquisgrana. La necessità di una incoronazione tanto precoce era dettata dal fatto che il potere era garantito dalla ragnatela di conoscenze interpersonali tra i grandi del regno, laici o ecclesiastici che fossero, piuttosto che da istituzioni o strutture di potere che all'epoca mancavano, così come mancava una capitale riconosciuta, a parte la capitale del regno italico a Pavia. Per assicurare una successione al trono imperiale senza impedimenti, Ottone

I fece associare il figlio al soglio imperiale a San Pietro nel Natale del 967, divenendo coimperatore.

Per legittimare a livello internazionale il potere imperiale ponendolo sullo stesso piano della dignità imperiale bizantina, Ottone I si prodigò per ottenere un'alleanza matrimoniale con la corte di Costantinopoli facendo sposare il figlio con una principessa bizantina. Prima che questo progetto riuscisse però Ottone I dovette impegnarsi in una guerra contro i bizantini, invadendone personalmente i loro territori nell'Italia meridionale tra il 968 e 970 con l'appoggio dei principati longobardi. Niceforo Foca era infatti decisamente contrario ad un matrimonio che avrebbe messo i due imperi sullo stesso piano, l'imperatore bizantino era anzi disposto solo ad una generica amicizia in cambio della città di Roma e della sottomissione a Bisanzio dei principati longobardi. Solo la morte violenta di Niceforo Foca permise la realizzazione del sogno ottoniano grazie al nuovo imperatore Giovanni Zimisce, come si è detto, più interessato all'oriente che all'occidente con cui desiderava accordarsi. Ottone II poté quindi sposare la principessa greca Teofano.

La corte imperiale in tutta l'epoca ottoniana non fu solo sensibile alla cultura bizantina ma fu protagonista di un ricco fermento culturale autoctono che avrebbe influenzato Ottone II ma anche, soprattutto, suo figlio Ottone III. I monasteri fondati dalla dinastia sassone furono i centri da cui si irradiava il pensiero di intellettuali come la monaca Roswitha di Gandersheim (circa dal 938 al 974), drammaturga e agiografa di Ottone I, fu la prima poetessa tedesca, ella stessa allieva della nobile e colta Gerberga, nipote di Ottone I e badessa del monastero di Gandersheim in Sassonia.

Caratterialmente Ottone II fu meno incline alla clemenza del padre, considerando anche che il suo potere non poteva ancora vantare la stabilità posseduta dal vecchio sovrano, né Ottone II aveva raggiunto un carisma paragonabile al padre data la sua giovane età. Questo suo carattere spesso irruente era attribuito dai suoi contemporanei ai suoi capelli rossi, tanto da essere soprannominato il rosso. Fisicamente era basso di statura ma questo non gli impediva di combattere valorosamente nelle prime linee delle sue schiere, come era naturale per un sovrano medioevale.

Alla morte del padre nel 973 Ottone II divenne imperatore a tutti gli effetti all'età di 17 anni senza contestazioni da parte dei maggiorenti del regno. Inizialmente s'interessò esclusivamente alle questioni d'oltralpe combattendo contro Danesi e Boemi, rintuzzando nel 977 una ribellione in Baviera in una guerra detta dei tre enrichi. Solo nel 980 Ottone decise di calare in Italia, preoccupato della situazione a Roma dove vigeva l'anarchia e la lotta tra le famiglie patrizie per la supremazia sul soglio pontificio. All'imperatore premeva poi rafforzare la sua autorità su quei territori e portare la sua influenza sino in meridione.

Dal punto di vista militare la condotta di Ottone II fu conforme agli standard dell'epoca, malgrado la sacralità della sua persona, l'imperatore guidava sempre i suoi soldati combattendo in prima persona alla testa della cavalleria pesante.

Se nelle varie guerre in Germania si era sempre dimostrato deciso e spietato nel perseguire i suoi obiettivi nella campagna in sud Italia del 982 la sua condotta fu spesso indecisa, incerta nel scegliere la meta della sua conquista e, persino, quale esercito combattere. In quell'occasione l'imperatore si sentì investito dell'autorità e del dovere di difendere la cristianità dalle incursioni dei Saraceni, compito dell'imperatore era infatti quello di difendere la religione. Malgrado ciò il suo obiettivo segreto e mai ammesso era quello di cacciare definitivamente i bizantini dall'Italia e unire la Penisola sotto la sua alta podestà.

ABU-AL-QASIM

Emiro della Sicilia dal 969 fu il vincitore della battaglia di Capo Colonna contro Ottone II, vittoria che non riuscì ad assaporare dato che cadde combattendo nelle prime fasi dello scontro.

Terzo emiro della dinastia dei Kalbiti il cui capostipite riuscì ad ottenere una certa indipendenza dell'isola alla caduta degli Aghalbidi in nord Africa, l'emirato corrisponde infatti ad un regno nella cristianità. La stessa Sicilia mussulmana fu scossa da tensioni e guerre interne; tra le due etnie che si erano spartite il potere, i berberi a Agrigento e gli arabi a Palermo.

Alla metà del X secolo i nuovi padroni delle coste del nord Africa saranno i Fatimidi, la cui dinastia di confessione islamica sciita, della regione di Tunisi e del Cairo, riusciranno a riportare sotto controllo la situazione in Sicilia, inviando un loro emiro, certo Hasan ibn Ali al-Kalibi, fondatore della dinastia dei Kalbiti che regnerà dal 948 al 1053, stabilendosi da subito a Palermo. Il figlio Ahmad ibn Hasan divenne emiro nel 954 quando il padre si recò presso la corte dei fatimidi senza più rientrare sull'isola, con lui si completò la conquista della Sicilia, coronata con la grande battaglia di Rometta del 25 ottobre 964 dove il comandante bizantino Manuele Foca al comando di un grande esercito attaccò i Musulmani assedianti la città greca di Rametta, nella Sicilia nord orientale. Ahmad ibn Hasan aveva posto i suoi uomini a difesa di una gola che eliminava il vantaggio numerico del più numeroso esercito greco, nonostante ciò la battaglia stava volgendo a favore dei Bizantini, grazie anche a una sortita degli assediati di Rametta che prese i nemici su due fronti, quando, un contrattacco musulmano causò la morte del comandante in capo Manuele Foca. Questo, insieme a un forte temporale che si scatenò in quel mentre, scoraggiarono i bizantini che, demoralizzati, arretrarono per poi fuggire in una rotta generalizzata, provocando, tempo dopo, la conquista, da parte dei Musulmani, della città assediata. La sconfitta stroncò qualsiasi speranza concreta dei Bizantini di tornare in possesso dell'isola.

Ahmad ibn Hasan morirà nel 969 e suo figlio Abu-al-Qasim diverrà emiro.

La fortuna di Abu-al-Qasim fu quando nel 973 il califfato fatimide, dopo una lunga lotta con gli Ommayyadi della Spagna, trasferirà il suo centro di potere in Egitto insediandosi nella grande città del Cairo.

Il califfato del nord Africa in Tunisia della dinastia degli Ziriti da cui dipendeva l'emirato siciliano

▶ *Sigillo di Ottone II, imperatore. (977 Archivio Vescovile di Bressanone)*

si trovò improvvisamente senza il supporto della potente flotta dei Fatimidi ormai trasferitasi al loro seguito in Egitto insieme ai loro tesori. Questo impedirà al califfato di esercitare un potere effettivo sulla Sicilia lasciando Abu-al-Qasim e gli arabi di Sicilia con una maggior indipendenza, permettendo loro le più ampie scelte politiche senza interferenze politiche dall'Africa, per i Fatimidi alla fine la Sicilia era solo una propaggine marginale del loro vasto regno il cui destino era lasciato ai signori locali.

Nella sua azione di governo Abu al-Qasim continuò la politica aggressiva dei suoi predecessori, facendo dei vicini territori cristiani del continente il suo obbiettivo preferito, con continue razzie delle città costiere bizantine, in questo aiutato dal vuoto di potere lasciato alla morte dell'Imperatore greco Giovanni I Zimisce nel 976. La successiva morte di Pandolfo Capodiferro nel marzo 981 tolse dalla circolazione l'unico vero baluardo alle mire espansionistiche mussulmane sul continente, con i principati di Capua, Salerno, Benevento e il ducato di Spoleto divisi tra i suoi successori. Questa favorevole contingenza politica nei territori cristiani porterà l'emiro a organizzare una spedizione su più ampia scala volta ad assicurarsi i territori continentali. Dopo aver saccheggiato per anni le coste calabresi e pugliesi depredando città come Taranto, Reggio e Sant'Agata, arricchendo se e i suoi uomini con il bottino e il redditizio commercio di schiavi. Per l'emiro Abu-al-Qasim era giunto il momento di conquistare nuovi territori come già in precedenza avevano fatto i suoi avi.

▲ *L'assedio di Rametta da parte delle truppe islamiche in Sicilia.*

LE OPPOSTE ARMATE

L'ARMATA IMPERIALE

Nell'eterogenea armata imperiale il sistema di reclutamento era quello in voga nell'Europa continentale su cui si basava il sistema feudale in cui l'imperatore dipendeva dai suoi vassalli, sia laici che ecclesiastici, che dovevano fornire i guerrieri per l'esercito imperiale, da qui la necessità del sovrano di avere sudditi fedeli e il più possibile pacificati tra loro in modo da evitare guerre locali che potessero interferire con progetti militari più importanti.

Il milites, il soldato di professione per eccellenza, in epoca ottoniana era sempre più identificato con il cavaliere corazzato le cui funzioni non si fermavano solo al mondo militare, andando ad indicare ormai anche una classe sociale ben definita che dominava la stratificata società dell'epoca. La Germania dell'epoca era suddivisa in ducati tribali in cui l'originaria composizione etnica e di stirpe aveva una grande importanza integrandosi col sistema feudale. I sovrani tedeschi emergevano da questi ducati tribali, imponendosi sulle altre stirpi germaniche per poi essere riconosciuti imperatori, con un sistema che durerà per secoli. Gli ottoni avranno la base del loro potere nella stirpe sassone che per ultimi erano stati sottomessi da Carlo Magno che gli obbligò ad accettare il cristianesimo. All'interno di ogni ducato i signori laici erano divisi in conti e margravi. Quest'ultimi controllavano territori di frontiera come le selvagge e problematiche regioni orientali dell'impero.

Sotto i sovrani sassoni si ebbe un veloce sviluppo dell'importanza della cavalleria che ben presto andò a dominare i campi di battaglia a discapito della fanteria che fino ad allora aveva caratterizzato la guerra in Germania. Soprattutto tra le classi più agiate di Sassonia e Baviera si sviluppò l'uso della cavalleria pesante, mentre in altri ducati tribali e nelle marche orientali la fanteria rimarrà a lungo il perno dell'azione tattica. Ancora nella battaglia di Civitate del 1053, in sud Italia, tra papato e normanni, i guerrieri svevi combatteranno valorosamente sia a cavallo che appiedati contro i cavalieri normanni, che risultarono vincitori della contesa.

Negli eserciti guidati dai sovrani sassoni l'unità base più piccola era formata da 10 cavalieri pesanti. I signori locali spesso usavano una guardia del corpo personale formata da schiavi addestrati alla guerra che servivano come cavalieri chiamati dienstleute i Ministeriali che in futuro andranno a formare una classe sociale vera e propria, mentre la classe dominante formava veri e propri reparti d'élite di cavalleria pesante detti miles armatus, il resto dell'esercito era classificato come portatori di scudo, scutiferi siano essi fanteria o cavalleria leggera. Unità territoriali con compiti di guarnigione di luoghi fortificati erano detti agrarii milites, la cui unità di base era di nove guerrieri. Questi soldati, in genere fanteria con compiti principalmente difensivi, non partecipavano alle spedizioni degli imperatori in terre lontane. Gli assedi infatti rappresentavano la parte preponderante di una campagna militare per cui necessitavano delle milizie armate di soldati non professionisti che fossero pronti a difendere le mura di città o castelli in loco.

Anche gli imperatori sassoni avevano una loro guardia del corpo, una piccola unità chiamata fideles milites il cui stendardo rappresentava l'Arcangelo Michele sotto cui combatteranno a Capo Colonna, proteggendo con la propria vita Ottone II.

Un altro gruppo a servizio della cerchia della corte reale del sovrano era composto da giovani che venivano educati e addestrati per divenire ufficiali alle dipendenze dei grandi feudatari laici o ecclesiastici. Spesso la loro educazione non era solo marziale ma comprendeva lo stesso percorso

▲ *Soldati arabi di Sicilia*
▶ *Guerriero bizantino con corazza lamellare raffigurante San Giosuè di Navi (Athos X secolo)*

umanistico dei chierici, almeno nelle prime fasi, con studi di grammatica tipico dei futuri monaci. L'educazione dell'aristocrazia laica includeva una certa conoscenza degli studi letterari e matematici, i bambini tra i sette e i quattordici anni erano anzi spesso educati alle sette arti liberali dal trivium al quadrivium, insegnamento che veniva fatto generalmente nei monasteri e nelle strutture ecclesiastiche.

Centri di studio principali nell'impero erano i monasteri di San Gallo, Reichenau, Lorsch, Einsiedeln, Fulda e Seligenstadt, dove si approfondivano anche studi di matematica, ingegneria e architettura, utilizzando e rielaborando testi classici.

Questa istruzione portava le classi aristocratiche ad imparare abitualmente il latino, necessario non solo ai chierici ma anche a coloro che si apprestavano a spedizioni fuori della madre patria tedesca, cosa che rendeva bilingui molti di loro per necessità di comunicare e per redarre documenti amministrativi.

L'educazione dell'aristocrazia era così simile a quella dei chierici tanto che capitava che dopo la carriera militare alcuni nobili potevano essere nominati vescovi per le loro competenze sulle leggi e i libri sacri, così come gli ecclesiastici, abati e vescovi, potevano guidare eserciti in battaglia.

L'istruzione impartita presso le corti dei principi era però soprattutto quella militare che seguiva l'insegnamento degli studi liberali (artes liberales) e avveniva dopo i 13/14 anni.

L'addestramento avveniva tramite cosiddetti "giochi" già in uso in epoca carolingia, antenati dei tornei medioevali successivi. L'addestramento poteva anche avvenire con armi pesanti il doppio, come indicava Vegezio nei suoi scritti classici, questo viene confermato dall'addestramento praticato dai militi dell'abbazia di San. Gallo, descritto da testi amministrativi dell'epoca, nella prima metà del X secolo, di cui siamo a conoscenza grazie alla facile reperibilità dei testi nell'abbazia. Tattiche militari erano probabilmente imparate e studiate sui libri che insieme

allo Stratagemata di Vegezio dovevano essere conosciuti e diffusi anche presso i centri di potere dell'epoca per usi pratici come manuali.

Malgrado ciò, di certo non mancavano illetterati al comando delle schiere imperiali che si servivano di ecclesiasti per avere le traduzioni dal latino, spesso si trattava di guerrieri di umili origini che si erano fatti strada grazie al loro valore personale, raggiungendo una certa prosperità grazie al bottino proveniente dai saccheggi delle continue guerre, bottino che era spesso la motivazione principale di chi, non di nobili natali, sceglieva l'attività delle armi.

Il servizio fatto alla corte reale dava grande prestigio negli eserciti dei vassalli e nel seguito dei vescovi conti. Chi era al servizio diretto del sovrano poteva essere assegnato alle guarnigioni dei castelli che dipendevano direttamente dall'imperatore, in particolare lungo le frontiere come il danevirke, barriera fortificata lungo la frontiera con i Danesi realizzato nel 974 da Ottone II. Elevato era il costo delle fortificazioni lungo la marca orientale, a ogni castello servivano numerose fattorie "mansi" per poter mantenere le guarnigioni e le loro famiglie.

Anche l'addestramento dell'esercito professionista drenava una gran quantità di risorse dalle proprietà dei vari feudatari laici ed ecclesiasti. Lo sforzo per mantenere e creare questi soldati richiedeva lo stesso impegno che veniva profuso per educare il clero.

L'addestramento non riguardava solo l'apprendimento dei modi di combattere nelle schiere ma anche argomenti più complessi con l'utilizzo delle armi d'assedio, tattiche per cavalleria e fanteria, logistica e, infine, lo sviluppo delle abilità di comandante.

In particolare si insisteva su come mantenere le formazioni in battaglia, dispiegamento e formazione di attacco che, per la cavalleria, era quella tipica dell'ordine chiuso.

Le formazioni compatte di circa 50 cavalieri pesanti disposti su due file erano utilizzate in assetto chiuso e compatto in formazioni a cuneo, già in uso in epoca carolingia, in modo di attaccare il nemico in un unica carica travolgente, tattica che si era sviluppata proprio con l'avvento dei sovrani sassoni e si era dimostrata efficace già sul campo di Lechfeld.

Ciò che rendeva irresistibili le cariche della cavalleria pesante occidentale avvenne per l'uso ormai generalizzato della staffa e l'introduzione della sella con un ampio e alto arcione e paletta che immorsava il cavaliere rendendolo unito al cavallo, impedendo di scivolare all'indietro nel momento del cozzo. Questo tipo di sella, unito a staffe lunghe (staffatura lunga) che posizionavano saldamente il cavaliere in piedi su di esse con la massima aderenza, rendevano la cavalleria una forza d'urto mai vista prima, atta allo sfondamento delle linee avversarie alla fine di un unica carica.

La lancia era l'arma offensiva principale del cavaliere che veniva utilizzata sotto braccio all'altezza dell'anca o sopra braccio dall'alto verso il basso, metodi di usare la lancia ancora in uso decenni dopo come si vede ben descritto nell'arazzo di Bayeux, l'uso della lancia in resta si diffonderà solo più tardi, alla fine del XI secolo. La lancia aveva un ruolo fondamentale nelle tattiche di gruppo della cavalleria, la cui azione offensiva della carica era basata su questa arma. In epoca

▲ ▶ *Particolari della cavalleria franca post carolingia. Si nota l'armatura a scaglie e il particolare elmo. Gli stendardi rappresentati sono una bandiera trilobata e un draco di derivazione romana. (Stiftsbibliothek, libro dei Salmi da San. Gallo, IX secolo)*

ottoniana le punte di lancia ad alette ebbero una particolare diffusione, le alette impedivano a eventuali lame di scorrere lungo l'asta e impedivano alla lancia di infilarsi completamente nel corpo della vittima facendo penetrare nella ferita solo la punta in modo da rendere più facile l'estrazione dell'arma. Un esempio di queste punte di lancia dell'epoca è la Sacra Lancia, oggi custodita all'Hofburg di Vienna, che veniva impiegata sui campi di battaglia, ancora nell'uso delle armi fatate della tradizione pagana.

L'ottima spada franca, dritta a due tagli, era l'ideale per l'impiego della cavalleria con la sua lunghezza e robustezza.

La cotta di maglia in anelli metallici, che nel X secolo era detta loricata, veniva indossata sopra un giubbotto di protezione in cuoio necessario per attutire i colpi da botta, la cotta copriva solo il busto con maniche più o meno lunghe. Una cotta di maglia era, a volte, collegata all'elmo invece che all'usbergo a protezione della nuca, in altri casi veniva indossato un cappuccio di cuoio. L'usbergo lasciava scoperte le gambe che andranno ad essere protette solo un secolo dopo. L'elmo conico di tipo Spangenhelm, realizzato da segmenti metallici rivettati tra loro, era ancora ampiamente utilizzato anche se si era ormai diffuso l'uso dell'elmo conico composto da un unico pezzo di metallo, con o senza paranaso di protezione al viso. Influenze negli armamenti provenivano dal mondo magiaro e, soprattutto, da quello bizantino che era all'avanguardia nella realizzazione di armamenti. I catafratti, cavalieri pesantemente armati, che dominavano i campi di battaglia bizantini, furono tra i primi a adottare l'uso della lancia in resta e, proprio a metà del X secolo, la cavalleria pesante greca adottò lo scudo allungato a forma di mandorla o aquilone, che proteggeva in modo ottimale anche le gambe del cavaliere, proteggendo così l'intero corpo. Questo tipo di scudo verrà prontamente adottato dalle cavallerie occidentali in ciò facilitato dall'alta deperibilità di un arma difensiva come lo scudo. Primi a portare in occidente questo tipo di scudo furono i mercenari inglesi e normanni che prestavano servizio alla corte di

Costantinopoli, mentre i cavalieri dei principati longobardi del sud Italia adotteranno velocemente lo scudo a mandorla grazie alla loro vicinanza ai possedimenti bizantini in Puglia. A Capo Colonna i cavalieri imperiali utilizzavano principalmente ancora lo scudo rotondo. Nell'impero, solo nel secolo successivo, lo scudo allungato si diffonderà tra la cavalleria pesante di quelle regioni.

La struttura organizzativa degli eserciti dell'età ottoniana conservava gran parte dell'assetto dell'epoca carolingia precedente. Come si è già detto "miles" era il termine generico che designava il soldato, le unità di base di cavalleria e fanteria erano guidate da un "officium" che poteva denominarsi "principes militium" se era al comando di una grossa unità,

mentre il comandante di una fortificazione era denominato "praefectus". Ogni unità aveva il suo stendardo di riconoscimento, quello dell'imperatore sassone consisteva in dragone rosso di seta posizionato su un asta sormontata da un aquila metallica. Il dragone era un simbolo sassone utilizzato anche dai Sassoni inglesi come loro emblema sui campi di battaglia fino alla battaglia di Hastings.

Nell'impero ottoniano il regno italico non differiva molto dai costumi militari del resto del mondo occidentale. L'alta aristocrazia detti "primi milites" o "milites majores" era di discendenza franca o germanica mentre i loro vassalli, detti "secundi milites" o "milites minores", di origine longobarda non avevano il diritto di passare in eredità le loro terre come potevano fare i loro signori, di questo ne approfitterà Arduino ultimo re d'Italia del medioevo che, alla morte del terzo Ottone, si appoggerà su questi "secundi milites" allo scopo di ottenere la corona italica a discapito dei sovrani germanici. Grande importanza avevano anche i vescovi che guidavano gli eserciti delle importanti città del nord Italia in cui risiedeva la loro diocesi. Importanti erano le milizie cittadine composte da tutti i cittadini

▲ *Elmo di San Venceslao, risalente al X/XI secolo, probabilmente di provenienza germanica. (Castello di Praga, Tesoro di San Vitus)*

▶ *La sacra lancia o lancia del destino custodita nella Schatzkammer dell'Hofburg di Vienna*

liberi divisi in classi secondo il censo che influenzava la qualità degli armamenti che ognuno doveva procurarsi di tasca propria.

Dalla seconda metà del X secolo la tendenza generalizzata vedeva la fanteria ricoprire ruoli sempre più marginali all'interno di un esercito, spesso relegata a compiti di guarnigione e di difesa. Anche la cavalleria leggera, che era un importante componente negli eserciti carolingi, andò rapidamente a sparire lasciando alla cavalleria pesante nobiliare la condotta delle campagne militari, questo con l'eccezione dei principati longobardi del sud Italia dove molti cavalieri mancavano di armatura. Il declino della cavalleria leggera causò il mancato uso di esploratori in situazioni critiche portando i comandanti militari ad appoggiarsi a informatori locali in territorio nemico. Questa limitazione poteva avere conseguenze fatali, come nel 976 quando i Bavaresi di Ottone II furono colti in una imboscata dai Boemi di re Boleslao II proprio per la mancanza di un adeguata protezione del campo dove i soldati imperiali si fermarono senza controllare il territorio nemico. I Boemi colsero così l'occasione e attaccarono il campo bavarese verso sera mentre i soldati si riposavano dopo la lunga marcia, cogliendoli totalmente di sorpresa.

I piccoli eserciti dei principati longobardi erano più abituati a far fronte alle minacce delle imboscate grazie alla vicinanza con Saraceni e Bizantini dai quali dovevano difendersi. Il reclutamento qui non avveniva per dovere feudale ma si seguivano criteri basati su rapporti di scambio di favori senza dipendenze di vassallaggio. La struttura di base dell'esercito era la famiglia allargata (consanguinei) a cui si aggiungeva il comitatus, reclutato tra le famiglie locali più abbienti a cui veniva dato uno stipendio per il periodo della campagna militare. I castelli erano presidiati da fanti di condizione servile mentre in casi di emergenza tutta la popolazione maschile poteva eventualmente essere soggetta al servizio nell'esercito come fanteria leggera (pedites), la cui utilità in guerra doveva essere ben scarsa. Una riminiscenza dell'epoca longobarda erano i gastaldi, termine che indicava il governatore di una città o di una regione, carica che nel caso fosse diventata ereditaria veniva attribuito il titolo di conte.

I cavalieri erano quindi soldati professionisti che mantenevano un alto grado di addestramento per essere chiamati alle armi per brevi campagne tra la primavera e l'autunno, cosa che accadeva pressoché tutti gli anni durante l'epoca ottoniana. Le dimensioni di questi eserciti professionisti non dovevano superare i cinquemila uomini anche per un armata imperiale.

Per conoscere gli effettivi dell'esercito imperiale ci è pervenuto un documento unico per l'alto medioevo: l'Indiculus Loricatorum, è l'elenco del contingente armato reclutato per la spedizione di Ottone II in Italia del 981, che si apprestava alla campagna che porterà alla battaglia di Capo Colonna l'estate dell'anno successivo. Redatto sul retro di un codice manoscritto con le opere di Sant'Agostino quando Ottone si trovava già in Italia, riporta i numeri e la provenienza dei cavalieri tedeschi, con indicato il nome del signore feudale che deve reclutare i guerrieri per la spedizione o chi, oltre

a arruolare, deve condurre i soldati nella spedizione oltralpe, come ad esempio il "vescovo Herkenbald di Strasburgo che dovrebbe inviare 100 cavalieri in armatura", e invece "L'abate di Murbach dovrebbe portarne 20 con lui" cioè guidarli nell'impresa. Il numero totale di cavalieri (loricati) elencati è di 1972, ognuno dei quali era pesantemente armato con tre cavalli, da soma, da uso normale e da guerra, a cui andrebbero probabilmente aggiunti i servitori. Tra questi contingenti i cavalieri arruolati dai vari episcopati tedeschi era di 1.081, i contingenti reclutati dalle abbazie assomma a 342 cavalieri, mentre il numero dei nobili laici era di 549 cavalieri, da cui si deduce una netta superiorità per il contributo dato da vescovi e abati rispetto i nobili secolari. Dall'elenco manca il contingente sassone che sappiamo comunque presente a Capo Colonna dal nome di diversi nobili sassoni caduti in quella battaglia, così come sono assenti i contingenti dei nobili che, come i Sassoni, già si trovavano in Italia con l'imperatore dall'anno prima come Ottone duca di Svevia e Baviera e il vescovo Teodorico di Metz. E' plausibile che molti dei cavalieri e dei loro signori elencati nell'Indiculus Loricatorum prenderanno parte alla disastrosa giornata di Capo Colonna.

L'ARMATA SARACENA

L'estensione del predominio arabo nel X secolo andava dall'oceano Atlantico all'Asia Centrale comprendendo città importanti quali Cordova e Baghdad e, sebbene politicamente divisi tra loro, condividevano un'unica cultura cementata dalla forte spinta ideologica rappresentata dalla religione islamica. Dal punto di vista militare vi era una comunanza nei costumi e nelle tattiche condivise in questo vasto mondo, sebbene ogni area geografica sottomessa all'Islam mantenesse proprie peculiarità regionali. Purtroppo riguardo agli eserciti saraceni della Sicilia mussulmana non vi sono informazioni dettagliate riportate dai contemporanei, ne ritrovamenti archeologici chiarificatrici circa gli armamenti specifici usati in Italia in quel periodo, malgrado ciò possiamo ricostruire la fisionomia delle armate dell'emirato di Sicilia utilizzando le fonti coeve del mondo arabo mediterraneo.

Per i Saraceni il bacino di reclutamento era immenso, distribuito su tre continenti, potevano sfruttare capacità e conoscenze diversificate maturate in esperienze militari di culture le cui basi risalivano all'epoca romana, con tecniche che andavano dai cavalieri berberi armati alla leggera ai catafratti d'ispirazione iranica.

Sia in Sicilia che in nord Africa la milizia araba era ancora il cuore degli eserciti islamici. Questa truppa veniva reclutata su scala regionale per campagne offensive e era detta "Jund", da cui proveniva una piccola élite di guerrieri professionisti aristocratici, tra queste schiere professionali il reclutamento era effettuato su base etnica, dove gli Arabi erano sempre la stirpe più importante seguita subito dai Berberi. Ai reparti professionali si affiancava il grosso della popolazione mussulmana che solo occasionalmente espletava a obblighi militari. Volontari mussulmani locali detti "muttawì' ah" combattevano infatti come fanti per periodi limitati di tempo con forti motivazioni religiose per il tempo necessario a una campagna militare, espletando il dovere di "jihad" contro gli infedeli.

Importanti erano i mercenari provenienti dal nord Africa e dall'Europa occupata dai Saraceni, come la Spagna da cui giungevano guerrieri andalusi equipaggiati all'europea, per via della vicinanza ai regni cristiani, con cui non avevano mai smesso di coltivare i commerci, compresi quelli di armi, condividendo i modi di guerreggiare dei cavalieri occidentali.

Spesso gli eserciti musulmani usavano schiavi per la guerra, mestiere tra l'altro mai molto amato dai Saraceni a differenza degli europei dell'epoca. L'affrancamento dalla schiavitù di schiavi usati per la guerra era anche una forte molla che spingeva a compiere azioni valorose. Schiavi africani liberati che combattevano nell'esclusiva ricerca di bottino erano presenti in tutti gli eserciti del nord Africa. Persino ex schiavi cristiani erano impiegati come cavalleria pesante, equipaggiati con usberghi, elmi e piccoli scudi.

Truppe sub sahariane erano utilizzate come fanteria imbarcata. Questi guerrieri, antenati dei Tuareg, provenivano principalmente dal Tibesti o dal Darfur dove combattevano appiedati usando ampi scudi bianchi in cuoio e corti giavellotti, oltre a spade di scarsa qualità.

I Berberi erano una parte fondamentale delle armate sicule. Essi avevano adottato le caratteristiche tattiche arabe anche se solo una minoranza di loro aveva imparato l'uso dell'arco e ancor meno a impiegare le armature come protezione, utilizzando di preferenza il giavellotto che era la loro arma tradizionale.

La maggior parte dei guerrieri Berberi combattevano appiedati con una minoranza di cavalleria leggera che veniva impiegata con le stesse modalità del passato, con cavalieri privi di sella che scagliavano i giavellotti in rapida successione o utilizzavano lance con un ampia punta.

▲ *Soldati saraceni in Italia*

Rimarchevole come i fanti berberi combattevano seminudi senza nessuna protezione. Anche gli arcieri appiedati normalmente non possedevano difese e costituivano reparti separati in modo che consentiva loro di muoversi rapidamente in appoggio alle altre componenti dell'esercito.

Nelle abituali scorrerie arabe l'uso della cavalleria era fondamentale in queste operazioni a largo raggio, lontano dai sicuri punti di approdo sulla costa, in questo caso la velocità era essenziale per sfruttare il fattore sorpresa e allontanarsi velocemente con il bottino e evitare di farsi sorprendere sulla via del ritorno. Spettacolari furono le incursioni nell'entroterra europeo quando i Saraceni raggiunsero Torino, Vercelli, Tortona, Aosta e, addirittura, Coira, località lontane centinaia di chilometri dalle coste dove gli Arabi avevano le loro basi, cosa che li esponeva a possibili ritorsioni sulla via del ritorno.

Il nucleo di cavalleria pesante impiegata alla stessa stregua della cavalleria cristiana come truppa di assalto e rottura, si trattava di truppe scelte, a cui si aggiungeva la più numerosa cavalleria leggera armata con armi da getto, anche se, in generale, tutta la cavalleria impiegata dagli eserciti arabi era in grado di usare sia arco e frecce che la lancia, con la cavalleria leggera che impiegava l'arco in modo diffuso.

Se i cavalieri occidentali davano la massima importanza alla forza d'urto della loro cavalleria più che sulla manovra, i Saraceni giostravano con finte ritirate o finti attacchi, con dissimulazioni delle loro reali intenzioni sul campo di battaglia, cercando di protrarre la battaglia fino a sfruttare un qualunque vantaggio che il nemico gli offriva per attaccare in modo più risoluto e chiudere lo scontro a loro favore nel momento giudicato più opportuno.

La normale tattica araba infatti consisteva in ripetuti attacchi subito seguiti da finte ritirate atte a scompaginare lo schieramento avversario che, inopinatamente, inseguiva gli Arabi nel tentativo di agguantarli e sgominarli in un combattimento ravvicinato, senza aspettarsi un loro subitaneo contrattacco.

Dal punto di vista tattico dominava la collaborazione tra fanteria e cavalleria, con quest'ultima che copriva l'azione offensiva dei fanti all'attacco. Infatti sebbene la cavalleria fosse la parte più importante dell'esercito saraceno la fanteria era comunque la componente più numerosa durante una regolare campagna militare. Spesso lo scopo della fanteria era prettamente difensivo, svolgendo compiti come attestarsi lungo i passi delle montagne per proteggere la strada della ritirata alla cavalleria impegnata in incursioni in territorio nemico. La formazione utilizzata dalle fanterie saracene era di tipo statico di forma rettangolare, impiegata a scopo difensivo per respingere gli assalti nemici.

Strategicamente le armate fatimidi tendevano a un unica azione offensiva risolutrice piuttosto che attendere l'iniziativa nemica come era normale costume tra gli altri eserciti arabi del periodo. Rispetto agli europei coevi i comandanti fatimidi e islamici in genere avevano una maggior famigliarità nell'usare strategie complesse, spesso apprese dai più raffinati bizantini. Le librerie saracene non avevano solo il corano ma erano dotate di manuali e trattati di strategia e tattica risalenti all'epoca classica che le loro controparti dell'Europa occidentale non avevano a disposizione.

Importante per i Saraceni, così come per i bizantini, era la conoscenza esatta delle mosse del nemico e la valutazione esatta delle sue forze tramite la ricognizione o l'uso di spie. L'abilità dei Saraceni nel compiere imboscate dava una indiscussa superiorità militare ai Musulmani.

I Saraceni erano superiori soprattutto nell'arte ossidionale, gli assedi erano infatti condotti da corpi speciali di genieri atti alla costruzione di strumenti d'assedio e allo scavo di mine per far crollare le mura delle fortificazioni.

▲ *Costumi arabi intorno al 1000 d.C. Disegni di Nadir Durand*

Le indiscusse abilità marinare e la conseguente supremazia in mare dei Saraceni permise loro di dominare le coste europee per un lungo periodo, contrastati solo dalla marina bizantina che grazie al fuoco greco riusciranno a vincere più di una battaglia navale. Nella ricerca del dominio del Mediterraneo centrale i Saraceni verranno perfino aiutati dalla marina di Amalfi in funzione anti-bizantina all'inizio del X secolo favorendo la conquista della Sicilia. Gli stessi Amalfitani aiutarono anche la dinastia fatimide a conquistare l'Egitto fornendo loro una flotta qualche tempo dopo, questo a sottolineare come i rapporti diplomatici e il commercio non vennero mai meno con questa città marinara che mantenne stretti legami con il mondo arabo.

Nelle loro spettacolari conquiste i Saraceni erano spronati dalla fede da cui ricavavano una spinta all'azione formidabile. La motivazione religiosa nella diffusione dell'Islam portava gli Arabi a sobbarcarsi i rischi della guerra in terre lontane e costituiva l'unico cemento che legava popoli di etnie così diverse tra loro che, spesso, poco avevano in comune se non la religione e il desiderio di propagarla sulle terre degli infedeli. Se la motivazione ideologica religiosa era molto forte lo era anche la possibilità di arricchirsi tramite i bottini di guerra, il commercio degli schiavi e, eventualmente, ricchi riscatti di notabili cristiani, sempre se si riusciva a catturarli vivi. Infatti le armate saracene avevano un cospicuo numero di avventurieri nei loro ranghi, spinti più dal desiderio di preda piuttosto che da una conquista stabile.

I combattenti musulmani erano pagati direttamente dal loro comandante in capo tramite i proventi dei saccheggi, da cui la necessità di razzie continue per sostenere economicamente gli eserciti. Le incursioni sulle coste non erano però mirate esclusivamente al bottino ma avevano

▲ *Cavalieri lombardi in un manoscritto degli inizi del XI secolo. (Enciclopedia Maurus Hrabanus detta anche De Universo o De rerum naturis)*

anche scopo ricognitivo per eventuali conquiste permanenti da effettuarsi una volta che le difese nemiche fossero considerate abbastanza deboli da impedire pericolose reazioni.

Nei territori occupati ai soldati venivano concessi appezzamenti di terreno come pagamento per il servizio militare, questo portò alla fine del latifondo di stampo bizantino in Sicilia, in un sistema simile a quello praticato secoli addietro dalle legioni romane, rendendo lo sfruttamento agricolo più efficiente, mentre per facilitare la difesa delle terre conquistate si divise il territorio in distretti. Nelle frequenti incursioni nei territori cristiani più che la distribuzione di terre conquistate ai soldati il saccheggio rappresentava il metodo di pagamento spiccio e remunerativo. Il fatto poi di rispondere ad un unico comandante per la spartizione del bottino o delle terre conquistate, diversamente dalle armate feudali, rendeva l'eterogeneo esercito saraceno più coeso e fedele al proprio condottiero.

Poco è conosciuto per quanto riguarda gli armamenti utilizzati in Sicilia dalle truppe arabe. Influenze occidentali erano certo presenti nell'uso di corazze a maglie metalliche ad anelli, anche se è certo che le truppe leggere, sia di fanteria che cavalleria, erano di tipo leggero, senza armature di protezione ma solo scudi e armi offensive come giavellotti, archi e frecce.

In nord Africa l'usbergo in maglia metallica veniva spesso indossato sotto una sopravveste detta "burud", le armature lamellari erano le più diffuse in tutto il mondo arabo ma erano anche presenti armature a scaglie che il mondo occidentale aveva abbandonato da qualche secolo.

Generalmente il mondo musulmano era povero di ferro rispetto a quello europeo per cui si faceva affidamento su un armamento più leggero. Diffuse erano protezioni del corpo fatte con giubbotti di cuoio imbottiti o di feltro che saranno usate ancora nel XIX secolo dalle popolazioni sahariane.

Le influenze bizantine erano sentite anche nel campo degli armamenti, visibili soprattutto nella cavalleria pesante. I Saraceni saranno tra i primi a adottare lo scudo allungato a forma d'aquilone. Più comuni erano comunque piccoli scudi, spesso rudimentali, in uso dalla maggior parte dei soldati. Meno diffusi erano gli elmi che, se non erano di preda bellica, si limitavano a semplici cervelliere di ferro. Spesso si usavano esclusivamente dei turbanti a protezione più dal caldo che dai colpi dei nemici.

Le spade erano leggermente ricurve e a un solo taglio, a queste si aggiungeva l'uso di mazze ferrate, tipica arma araba e mai in uso tra i Berberi che invece utilizzavano i giavellotti come loro arma principale quando questo tipo di arma era ormai caduta in disuso presso tutte le altre cavallerie e fanterie coeve.

Le dimensioni delle armate mussulmane era dell'ordine di qualche migliaio di uomini. Nel raid su Roma dell'846 i Saraceni risalirono il Tevere con 73 navi di vario tipo su cui si trovavano ben 11.000 uomini e 500 cavalli. Nella battaglia contro Ottone II non si conosce il numero degli effettivi saraceni che, comunque, non dovevano superare i 10.000 uomini, per la maggior parte, fanti armati alla leggera.

▲ *Soldati saraceni in Italia*

LE AMBIZIONI IMPERIALI

Da quando Ottone I aveva fatto ritorno in Germania nel 972 l'Italia era rimasta priva del controllo diretto dell'autorità imperiale. Se nel Regno Italico la situazione politica era tranquilla a Roma la lotta tra le fazioni per il potere non si era mai sopita. La posta in gioco era il soglio pontificio il cui potere, temporale e spirituale, andava ben al di là delle mura della città Eterna. Prima dell'arrivo di Ottone I le elezioni papali erano prerogativa delle famiglie nobili di Roma, molte famiglie nobili con a capo i Crescenzi non si rassegnavano alla perdita del loro diritto nel governo della città e della cristianità, da qui lo scontro contro la fazione imperiale che sosteneva papa Benedetto VI.

All'inizio dell'anno 974 Giovanni, della famiglia dei Crescenzi, riesce a sobillare la plebe contro Benedetto e lo fa imprigionare a Castel Sant'Angelo, permettendo ai Crescenzi di eleggere un cardinale a loro favorevole, tal Franco di Ferruccio che assume il nome di Bonifacio VII, per i detrattori detto Malifacio, il quale, non ritenendo opportuna la presenza di due papi a Roma contemporaneamente, pensò bene di far strangolare papa Benedetto nel luglio dello stesso anno. Dalla Germania Ottone II controlla però la situazione e invia un suo messo di nome Sicco il quale intima al nuovo papa di lasciare il soglio pontificio. Pressato dal partito filo-imperiale Bonifacio decide di seguire il consiglio di Sicco svignandosela nottetempo, a soli quaranta giorni dal suo insediamento, verso l'amica Costantinopoli, ricordandosi però di arraffare con sé il tesoro pontificio.

Benedetto VII è il nuovo papa eletto dagli uomini fedeli all'impero che si trova subito a rintuzzare le pressanti pretese dei nobili romani, i quali mettono in atto continue intimidazioni e violenze di ogni sorta per condizionare il nuovo papato. Da qui le incessanti richieste di aiuto presso l'imperatore e la necessità di Ottone II di intervenire in Italia di persona.

L'impossibilità per Ottone II a visitare i suoi possedimenti a sud delle Alpi era causato dal continuo stato di guerra che aveva dovuto affrontare in Germania dal momento della sua elezione a imperatore a soli 18 anni. La minaccia più grave al suo governo fu la guerra detta dei "Tre Enrichi", con la rivolta fomentata dal cugino di Ottone il duca di Baviera Enrico detto l'attaccabrighe, il tutto derivato da un contrasto sull'attribuzione del ducato di Svevia. Enrico alleatosi con i duchi di Boemia e di Polonia sarà alla fine sconfitto, la Baviera venne divisa dalla Carinzia e assegnata, insieme all'importante marca di Verona, a un fedele di Ottone II, anch'egli di nome Enrico, il quale si ribellerà anch'egli all'imperatore solo per essere sconfitto con l'occupazione della città fortificata di Ratisbona nel 976 e successivamente deposto dal suo incarico. Mentre lo stesso ducato di Baviera andrà al duca di Svevia omonimo dell'imperatore, nonché suo cugino. L'Ostmark, la marca Orientale che diverrà la futura Austria, verrà assegnata a un altro fedele dell'imperatore Liutpoldo.

Più grave il conflitto con il re di Francia Lotario, cugino di Ottone II, che porterà la stessa famiglia imperiale a dividersi, con Adelaide, madre di Ottone, schierata contro il figlio, rimanendo dalla parte di Lotario, suo genero avendo sposto Emma figlia di Adelaide e del suo primo marito, il re d'Italia Lotario II. La guerra si protrasse tra il 976 al 980, con Lotario che assediò Ottone in Aquisgrana nel 978 per poi essere ricambiato allo stesso modo venendo assediato a Parigi lo stesso anno. La guerra ebbe fine con un accordo diplomatico tra le parti con Lotario che rinunciò alla Bassa Lorena in cambio del diritto di successione del regno di Francia al figlio Ludovico, riconoscendo le rispettive sfere d'influenza e autonomia politica.

▲ *Soldati saraceni in Italia*

Nell'autunno del 980 Ottone II era finalmente pronto per scendere in Italia con i suoi fedeli sassoni. Affidato il governo della Germania all'arcicancelliere Willigiso e al duca di Sassonia Bernardo, l'imperatore valicò le Alpi in compagnia del duca di Ottone Svevia e Baviera, del vescovo di Metz, Worms e Merseburgo, oltre a numerosi conti e nobili minori con il loro seguito. Ad essi si aggiungeva la moglie di Ottone II Teofano con il figlio nato pochi mesi prima, il futuro Ottone III e la badessa di Quedlinburg Matilde sorella dell'imperatore.

Per la spedizione in Italia Ottone II aveva bisogno di sua madre Adelaide. Così come il padre anche lui necessitava della madre per legittimare le sue rivendicazioni nella Penisola. L'imperatore doveva così riappacificarsi richiamando Adelaide dalla corte di Borgogna dove si era ritirata dopo i contrasti avuti con il figlio.

Giunto alla capitale del regno italico Pavia, Ottone venne raggiunto da Adelaide accompagnata dal fratello Corrado re di Borgogna insieme all'abate di Cluny Maiolo. Qui madre e figlio si riconciliarono pubblicamente gettandosi a terra chiedendo perdono delle rispettive colpe. Successivamente la corte imperiale trascorse il natale a Ravenna dove si riunì gran parte della famiglia imperiale a cui si erano uniti oltre al re di Borgogna anche re Lotario e Ugo Capeto, duca di Francia nonché capostipite della progenie di sovrani che governerà la Francia per quasi un millennio. Poco dopo Natale si aggiunse alla corte papa Benedetto VII che ripartì a gennaio per Roma, subito seguito dall'imperatore e dalla sua folta comitiva con cui lentamente raggiunse Roma dove arrivò proprio il giorno di Pasqua del 981 facendovi un ingresso trionfale. Qui l'imperatore si predispose a consolidare e rafforzare l'autorità imperiale sui nobili riottosi che avevano osteggiato il papa filo-imperiale.

A Roma rimarrà fino a settembre dello stesso anno quando deciderà di occuparsi di persona dell'Italia meridionale, nell'intenzione di estendere i suoi domini sui territori controllati dai Bizantini con la scusa di voler difendere i cristiani di quelle regioni dal pericolo saraceno. La rivolta dei sudditi bizantini nelle città pugliesi di Bari e Trani, stanchi dell'eccessivo carico fiscale e della corruzione degli esosi amministratori di Costantinopoli, affrettarono le mosse dell'imperatore che non attese i cavalieri precettati nell'Indiculus Loricatum con il loro seguito, che possiamo stimare intorno ai 6.000 soldati, iniziando la spedizione con le forze al seguito di Ottone già presenti a Roma e con i feudatari del regno d'Italia. Con questo esercito si diresse verso la Puglia con la moglie bizantina Teofano, la cui presenza avrebbe ulteriormente legittimato il possesso di quelle regioni che Ottone riteneva da sempre parte dell'Impero Romano d'Occidente. Già l'anno precedente Ottone, pensando alla spedizione in Italia meridionale, aveva cercato l'appoggio della flotta Pisana che gli avrebbe permesso di stabilire un equilibrio contro le flotte bizantine e saracene, questo dimostra come già da tempo pensasse di occupare tutta la Penisola.

Questa prima spedizione si concluse però rapidamente a causa della situazione nei principati longobardi che richiamarono l'attenzione dell'imperatore e del suo esercito. Qui la morte di Pandolfo Capodiferro nel marzo del 981 aveva aperto la lotta per la successione al potere dei suoi vasti possedimenti. Il figlio più anziano di Capodiferro il principe di Benevento Landolfo (Landulf) era diventato duca di Spoleto e principe di Capua, mentre il secondogenito Pandolfo II ottenne il principato di Salerno. Purtroppo per Pandolfo anche il duca di Amalfi Mansone I (detto anche Manso) era interessato a questo possedimento che infatti occupò militarmente cacciando Pandolfo II. Anche Landolfo venne a sua volta cacciato da Pandolfo il Vecchio, nipote dell'omonimo Capodiferro, dal ducato di Benevento. Da questi eventi scaturì la necessità per Ottone di ristabilire la giustizia nella successione ai principati longobardi. Ottone insieme al giovane Pandolfo assedieranno brevemente Salerno per poi arrivare a un accordo diplomatico.

Per Ottone la priorità era la conquista delle ricche città bizantine, per cui riconobbe a Mansone il possesso del principato di Salerno, nella convinzione di avere l'appoggio della flotta amalfitana nelle sue spedizioni contro Bizantini e Saraceni. Non sappiamo come l'abbia presa Pandolfo, mentre il fratello Landolfo perdeva il ducato di Spoleto per una rivolta popolare. Successivamente l'imperatore provvide a consegnare il ducato a Trasimundo (Thrasimund) IV duca di Camerino, lasciando a Landolfo solo il principato di Capua. Per ripagarli dalle perdite subite possiamo certo immaginare come l'imperatore abbia promesso ai figli del Capodiferro le terre che avrebbe conquistato nella campagna dell'anno successivo. Malgrado ciò il vasto e potente regno che fu di Pandolfo Capodiferro era ormai irrimediabilmente diviso, lasciando i principati longobardi in una condizione di debolezza da cui non si sarebbero più ripresi.

A Salerno l'esercito imperiale passò il Natale in attesa di riprendere le operazioni militari, ufficialmente contro i Saraceni che occupavano le coste della Calabria, in realtà l'obiettivo principale erano le ricche città costiere bizantine stanche del malgoverno greco.

▲ *Immagine che raffigura l'attacco a Edessa da parte dei Bizantini con il successivo contrattacco arabo. Si nota l'armamento leggero dei soldati musulmani che assaltano la città. (Cronaca di Skylitzes).*

LA GUERRA SANTA SARACENA

Per l'emiro Abu-al-Qasim la conquista del continente antistante la sua Sicilia era, da sempre, nelle sue ambizioni politiche, non consisteva solo nella mera conquista di bottino che lo spingeva verso la Calabria e la Puglia, allora dominate da Costantinopoli, vi era in realtà un progetto strategico e commerciale che mirava ad impadronirsi delle vie di comunicazione dell'entroterra come le strade romane dell'Appia Antica e dell'Appia Traiana.

Lo stesso Abu-al-Qasim aveva già sostenuto degli scontri in Puglia contro i Bizantini. Nel 975 la città di Bitonto veniva riconquistata dai Greci dopo che i Musulmani ne avevano occupato per breve tempo le mura. A seguito di questa vittoria i Bizantini cercheranno di ritornare in Sicilia occupando la città di Messina con un colpo di mano, aiutati dalle navi pisane. La reazione dell'emiro fu rapida, dopo essersi ripreso Messina nel maggio del 976 sbarcava in Calabria presso Amantea, andando a assediare Cosenza i cui abitanti si salvarono solo pagando un riscatto, mentre, il fratello, con le navi, imperversava sulla costa pugliese, devastando i territori agricoli.

L'anno dopo Abu-al-Qasim ritornò in Calabria per puntare sulla città di Taranto, ricostruita da Niceforo II Foca e ripopolata da coloni greci. I Musulmani trovarono la città completamente deserta essendo gli abitanti fuggiti all'approssimarsi del nemico. I Saraceni incendieranno la città ma, questa volta, solo parzialmente, pensando bene di occuparne le ben munite mura e di sfruttare lo strategico porto, utilizzando la città come base di partenza per le loro scorrerie verso la Puglia. Per tutto il 977 Abu-al-Qasim saccheggiò e assediò le piazzeforti della Puglia meridionale come Gallipoli, Otranto, Oria e altre località minori, traendone bottino e schiavi da vendere in Sicilia e in nord Africa. I Saraceni andarono a assediare Gravina che venne salvata dall'arrivo di Pandolfo Capodiferro e dei suoi Longobardi. Alla fine di quell'anno l'emiro deciderà di abbandonare Taranto e il suo porto portandosi dietro un cospicuo bottino. Probabilmente temeva di essere assediato dall'armata di Pandolfo con in più il rischio di essere bloccato anche dal mare dalla flotta bizantina.

Negli anni successivi Abu-al-Qasim rimase nella sua reggia di Palermo a godersi i frutti delle razzie fino al momento della morte di Pandolfo Capodferro e il conseguente frazionamento dei suoi feudi, rendendo ancor più deboli le piccole realtà indipendenti dell'Italia meridionale, come Napoli o le città marinare di Amalfi e Gaeta. Per queste piccole autonomie politiche si trattava di sopravvivere ai vari potentati, bizantini, longobardi o franchi che fossero, da cui la necessità di alleanze spurie con una o con l'altra parte dei contendenti, perfino con i Saraceni stessi, tanto che, molto spesso, questi potentati dell'Italia meridionale si servivano di mercenari saraceni per le loro guerre interne.

Pensando di sfruttare l'occasione favorevole l'emiro decise di sbarcare di nuovo in Calabria, con l'intenzione di rendere permanenti le sue conquiste. Rioccupò velocemente Reggio Calabria e Sant'Agata e altre località costiere senza incontrare resistenza, considerando che i Bizantini in quel momento erano sotto attacco da parte delle forze di Ottone, mentre i locali potevano solo sperare di rinserrarsi nelle mura delle loro piccole città o fuggire in montagna. La Calabria dell'epoca era un Iterreno di conquista ormai da svariati decenni. In tutto il meridione vi erano torri d'avvistamento lungo le coste per prevenire le scorrerie dei Saraceni. L'apprensione di essere attaccati in ogni momento portò ad abbandonare molti villaggi costieri per rifugiarsi sui più sicuri monti dell'interno, in località facilmente fortificabili. A questo faceva seguito una maggior dedizione religiosa dei cristiani in contrapposizione alle orde di predoni musulmani. Ormai la

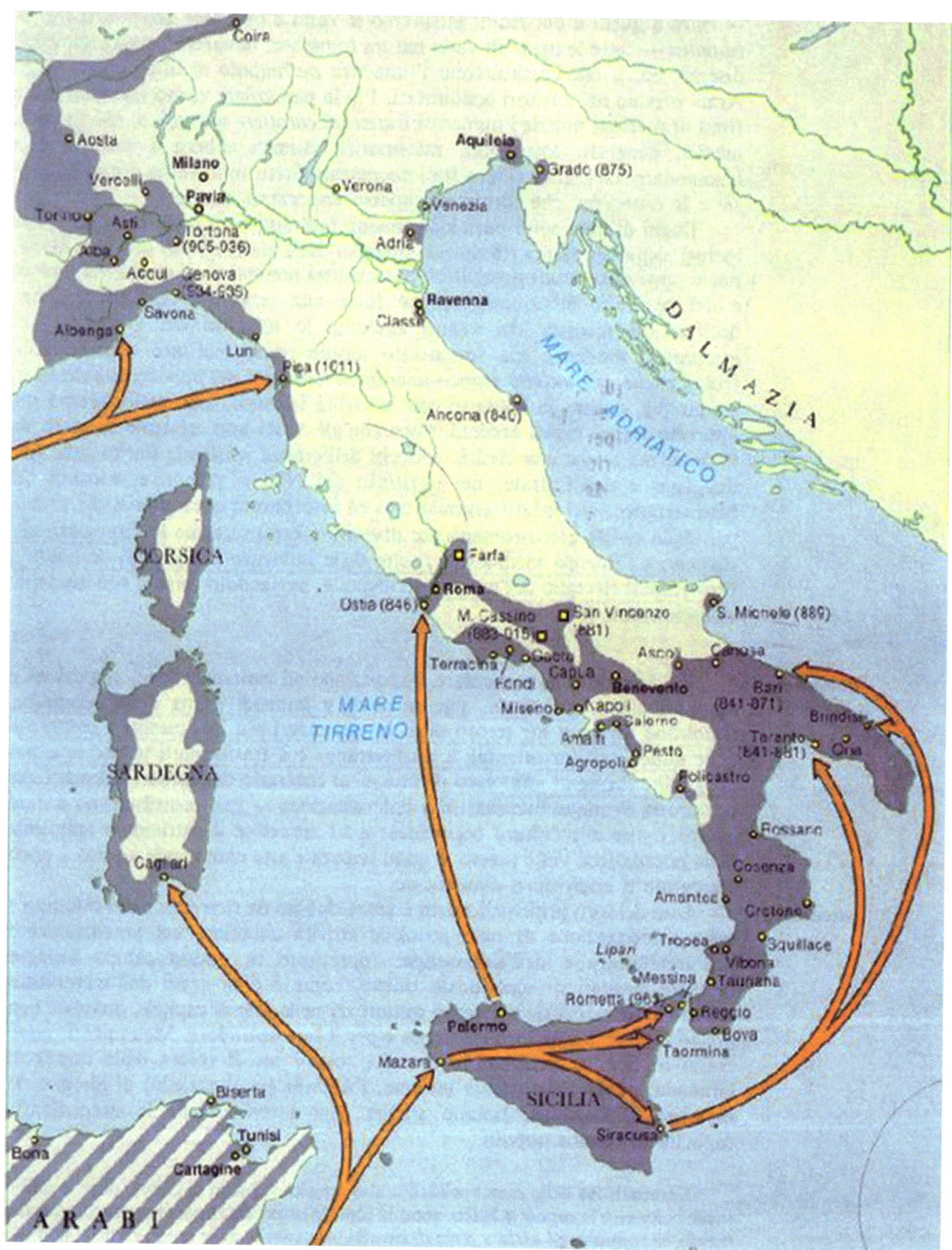

▲ *La presenza araba in Italia.*

▶ *Scontro tra cavalieri e arcieri a cavallo forse Magiari. Notare la mancanza di staffe e la sella leggera che rappresenta un modo di combattere anacronistico e che andrà presto a cambiare. (dal salterio di Stoccarda circa 920)*

Calabria era largamente spopolata divenendo un paese di rifugio per asceti come San Nilo e religiosi ortodossi in genere, in cerca di luoghi isolati dove meditare.

Nel 982 Abu-al-Qasim aveva raccolto un numeroso esercito a Reggio pensando di muoversi lentamente verso nord per occupare l'entroterra calabro quando ebbe notizia della presenza dell'armata germanica a Rossano. La presenza di un grande esercito cristiano guidato da un imperatore in un area che i Musulmani ritenevano essere sotto la loro sfera d'influenza politica provocò le ire di Abu-al-Qasim, il quale indisse la jihad, la guerra santa islamica. Questo espediente mirava a far accorrere sotto gli stendardi dell'emiro quanti più guerrieri possibile, motivati non solo dalla ricerca di un facile bottino ma, soprattutto, dal desiderio di servire in modo integrale la propria fede. L'invocazione alla guerra santa doveva essere diretta principalmente ai sudditi dell'emiro in Sicilia, in considerazione del fatto che l'esercito saraceno si mosse subito verso la Calabria, senza aspettare che la notizia della jihad siciliana si propagasse tra i Musulmani del nord Africa. L'esercito musulmano, galvanizzato dalla jihad, in giugno era già sbarcato sul continente. Abu-al-Qasim probabilmente non aveva le idee chiare sull'entità numerica dei nemici, nemmeno ne conosceva le caratteristiche essendo la prima volta che si trovava a combattere con un esercito proveniente in larga parte dalla Germania, nonostante questo, l'emiro, si precipitò verso il nemico e quello che sarà il suo destino.

▲ *Soldati e famigli longobardi.*

LA CAMPAGNA DI OTTONE DEL 982

L'anno 982 della nostra era viene ricordato per la scoperta della Groenlandia da parte di Erik il Rosso, ma, in quell'anno, l'attenzione dell'Europa era calamitata dalla spedizione militare dell'imperatore germanico in Italia meridionale.

Trascorso il Natale a Salerno Ottone II era impaziente di riprendere le operazioni contro i Greci e, già a Gennaio, si era messo in marcia con l'esercito in pieno inverno, senza preoccuparsi di aspettare la bella stagione. Sul finire dell'inverno del 982 l'imperatore si avviò con l'armata verso sud passando la Lucania in direzione della città di Taranto.

Giunto a Taranto Ottone assediò la città tra metà marzo e metà maggio del 982. La città, a quell'epoca, era ormai abitata in larga parte da cittadini di origine greca di rito bizantino. Al momento della ricostruzione della città nel 967, da parte dell'omonimo dell'imperatore, il "magistros" Niceforo Foca fece rinforzare le difesa con possenti mura, allargando l'isola dove sorgeva l'antica acropoli che rappresentava l'ultimo rifugio della città. L'imperatore germanico rimarrà fuori dalle mura senza attaccare la città difesa da una forte guarnigione greca che era rifornita via mare. Il dominio del mare da parte dei Greci impediva di conquistare la città per fame e le cui mura scoraggiavano ogni tentativo d'assalto. A maggio Ottone toglierà l'assedio, a quanto pare senza essere riuscito a spezzare la resistenza cittadina, al contrario di ciò che viene riportato da Thietmar (Ditmaro o Tietmaro) di Merseburgo nella sua cronaca, che è la fonte principale degli avvenimenti di queste vicende per parte germanica. Tietmaro afferma infatti che Taranto sarebbe stata conquistata da Ottone, tra l'altro senza specificarne le modalità. Solo lo storico tedesco però riporta questa notizia che sembra fatta apposta a celebrare i fatti d'armi dei cavalieri germanici confezionati per i lettori rimasti in patria, anche per edulcorare la successiva disastrosa sconfitta a Capo Colonna.

Per Ottone e i suoi la prossima tappa fu portarsi su Bari per un altro inutile assedio. Anche qui i Bizantini si ritirarono all'interno delle mure riforniti dal mare che ne impediva una capitolazione per fame. Probabilmente si aspettava una nuova sollevazione dei sudditi di Costantinopoli come l'anno precedente, stanchi delle tasse esose e del malgoverno greco. In realtà neppure la presenza dell'imperatrice Teofano con il figlio in fasce, che avrebbe dovuto legittimare l'azione di forza di Ottone, riuscì a smuovere una rivolta degli abitanti delle Puglie come auspicava il sovrano sassone. A causa di un tradimento degli equipaggi Ottone riuscì a ottenere solo due navi bizantine che erano impiegate in Italia per la riscossione dei tributi, equipaggiate con 150 uomini ciascuna e, soprattutto, armate del micidiale fuoco greco.

A fine maggio l'esercito imperiale di Ottone si spostò finalmente verso la Calabria. Sembrava giunto il momento di adempiere a ciò che si era proposto come capo temporale della cristianità: cacciare i Saraceni dall'Italia, dovere che fino a quel momento aveva tralasciato in favore di una politica di mera espansione del suo dominio a scapito di altri cristiani. Inoltrandosi in territorio nemico Ottone rischiava così di combattere su più fronti, solo le dimensioni del suo esercito europeo gli permetteva di correre questo rischio. Percorrendo il litorale Ionico già a fine maggio l'armata cristiana si scontrò contro alcuni scorridori saraceni a cavallo che si trovavano in avanscoperta. Questi vennero messi, velocemente, in fuga dall'esercito di Ottone, rifugiandosi nella città di Rossano subito sloggiati dall'arrivo dell'armata imperiale.

Abu-al-Qasim saputo dello sconfinamento di questa grande armata gli si precipitò incontro con l'intenzione di uno scontro risolutivo che avrebbe legittimato il possesso della Calabria all'emiro e all'Islam.

Sbarcato sul continente a giugno Abu-al-Qasim si affrettò velocemente contro l'armata cristiana. Una volta raggiunto Rossano ai primi di luglio le avanguardie saracene poterono osservare e valutare le forze nemiche. Davanti a loro si estendeva l'accampamento dei numerosi principi tedeschi, italici e longobardi riuniti sotto lo stendardo imperiale di Ottone.

Appresa la vera entità e del numero dei nemici Abu-al-Qasim pensò bene di rinunciare alla guerra santa ritirandosi, velocemente, per la strada intrapresa all'andata, sperando di poter rientrare al sicuro in Sicilia dove l'armata di Ottone, priva del dominio dei mari, non sarebbe mai potuto arrivare.

Ottone e i suoi si avvidero della presenza dell'armata saracena in ritirata, grazie alle informazioni provenienti da alcune imbarcazioni locali che, incrociando lungo la costa, avevano potuto osservare i movimenti dei Saraceni senza correre il rischio di essere attaccati. Per l'imperatore era l'occasione che cercava da tempo di sfidare in campo aperto i suoi nemici, Saraceni o Bizantini che fossero. Ottone metteva in atto ciò che la sua propaganda asseriva sulla presenza delle sue armate in Italia meridionale, dimostrando di essere a capo del potere temporale della cristianità. Con a disposizione un forte esercito l'imperatore sassone poteva correre il rischio di dividere l'esercito lasciando una parte delle sue forze a Rossano per garantirsi da eventuali sorprese da parte dei deboli bizantini. Teodorico vescovo di Metz con un forte contingente venne lasciato a protezione del tesoro imperiale e dei carriaggi, oltre che dell'imperatrice Teofano e dell'erede al trono. Il resto dell'esercito, composto in larga parte da cavalleria, si lanciò all'inseguimento nella speranza di tagliare la strada al nemico in ritirata.

L'inseguimento si protrasse lungo la costa ionica da Rossano fino a Crotone finché l'esercito musulmano si decise alla battaglia.

L'armata islamica era troppo lenta per poter sperare di riuscire a raggiungere lo stretto di Messina indenne. Il rischio di venire intercettati impreparati dai cristiani durante la marcia era troppo alto, per questo l'emiro Abu-al-Qasim pensò che era meglio affrontare il nemico in una regolare battaglia piuttosto che rischiare di venire presi di sorpresa con conseguenze devastanti.

Abu-al-Qasim scelse il terreno più favorevole dove affrontare il nemico, cercando un'ampia zona pianeggiante libera da vegetazione dove gli arcieri a cavallo arabi e la cavalleria leggera berbera potevano mettere in atto le loro tattiche fatte di cariche e finte ritirate. Il luogo dello scontro venne scelto in una località imprecisata a sud di Crotone lungo la costa nei pressi di Capo Colonna detto anche Stilo (dal significato di colonna isolata) sul golfo ionico, diversa dalla località dell'entroterra di Stilo, indicata da alcuni storici come area della battaglia e situata molto più a sud di Catanzaro, i contemporanei erano però concordi nell'individuare la zona a sud di Crotone presso Capo Colonna, a conferma di questo non vengono mai nominati i corsi d'acqua che invece sono numerosi a valle di Stilo.

Abu-al-Qasim schierò quindi le sue truppe e attese l'arrivo del nemico che non tardò a materializzarsi. Il 13 luglio, per altre fonti il giorno 14, i due eserciti si fronteggiavano ed erano pronte per lo scontro decisivo nella piana riarsa dal sole estivo.

LA BATTAGLIA DI CAPO COLONNA

Con il nome di Capo della Colonna era chiamato nel medioevo ciò che restava del santuario e tempio greco di Hera Lacinia sul promontorio che delimita la parte occidentale del golfo di Taranto. Costruito dai coloni greci di Crotone in epoca classica, già nel medioevo il santuario pagano era una rovina isolata da cui emergevano una selva di colonne a picco sul mare, da qui il nome.

Nei pressi di questa rovina abbandonata da secoli si affrontarono i due eserciti in una calda giornata di metà luglio. Da una parte l'esercito cristiano con i suoi stendardi raffiguranti immagini sacre con i santi protettori, dall'altra l'esercito musulmano, che i cristiani definivano pagano, con gli stendardi che riportavano i versetti del corano che incitavano alla battaglia.

Poche le notizie sulle forze che si fronteggiavano, probabilmente dopo che Ottone aveva diviso l'esercito dovevano ormai equivalersi, si trattava comunque di diverse migliaia di uomini da ambo le parti, probabilmente ogni armata doveva contare un numero di poco superiore alle cinque seimila unità con gli imperiali in possesso di una netta superiorità in cavalleria. Anche per quanto riguarda lo schieramento si hanno poche informazioni, i Saraceni dispiegarono le loro forze su una sola linea, plausibilmente con la fanteria al centro come consuetudine, mentre Abu-al-Qasim con la sua guardia del corpo e la sua cavalleria pesante, composta dagli uomini migliori, si posizionò su una seconda linea dietro al centro del suo schieramento, in attesa delle mosse nemiche.

Purtroppo anche dello schieramento imperiale non sappiamo molto, così come dello svolgimento della battaglia che viene raccontato per grandi linee da Tietmaro di Merseburgo: "Per vincere i Saraceni, che devastavano le sue province (di Ottone) con grandi schiere, inviò da loro due spie, incaricate di fornirgli informazioni precise sul nemico. Riuscì a cacciarli da una città dove si erano asserragliati e ne massacrò, nelle vicinanze, un gran numero, tanto da poter sperare di averli annientati. Ma senza che avesse potuto presagirlo, i nemici si raccolsero nuovamente e piombarono all'improvviso sui nostri che vennero sbaragliati, non senza aver posto resistenza." (Tietmaro di Merseburgo, Cronaca, SRG, III, 12). Probabilmente la città che fa riferimento il cronista è Rossano, oltre a questo scarno racconto non si ha molto altro.

Sappiamo che l'esercito di Ottone a Capo Colonna era composto dai più nobili e valorosi guerrieri dell'impero. Oltre ai figli di Pandolfo Capodiferro vi era il cugino dell'imperatore Ottone duca di Svevia e Baviera, oltre a numerosi conti e vescovi. Anche la Sacra Lancia era presente sul campo di battaglia come potente amuleto, che aveva già fatto la sua comparsa nella vittoriosa giornata di Lechfeld.

In quella calda giornata estiva la cavalleria imperiale si dispose probabilmente in un unica compagine che non prevedeva unità di riserva che potessero essere impiegate in battaglia nei momenti critici, per cui tutti i cavalieri loricati si gettarono in un unica poderosa carica contro il centro dello schieramento avversario in una formazione a cuneo, tipica della cavalleria occidentale, guidati direttamente dall'imperatore ansioso di sconfiggere il nemico.

I cavalieri imperiali ben allineati e a stretto contatto tra di loro effettuarono una carica travolgente che raggiunse d'impeto gli stendardi nemici difesi dall'emiro e dai suoi nobili. La prima linea saracena cedette infatti di schianto, il centro musulmano si ritrovò sbalzato sulla seconda linea tenuta dall'emiro e qui invischiata in feroci combattimenti, mentre le ali saracene erano obbligate a una momentanea ritirata.

È intorno all'emiro che si sviluppa la vera battaglia con i cavalieri che, rotte le lance, combattono con le loro spade a distanza ravvicinata contro l'élite della cavalleria saracena guidata da Abu-al-Qasim in persona che ora combatte per la propria vita. Lo scontro in questa fase deve essere stato lungo e violento in cui i Saraceni si trovarono presto pressati da ogni lato dalla cavalleria cristiana che convergeva in modo massiccio contro la linea di resistenza guidata dall'emiro. Non sembra che in questa fase il centro musulmano guidato in una disperata resistenza da Abu-al-Qasim sia stato assistito da reparti delle ali saracene, messe in fuga dalla prima carica, risulta piuttosto lasciato al suo destino senza un aiuto concreto dall'esterno.

La valorosa resistenza dei Saraceni ebbe il suo epilogo quando Abu-al-Qasim venne colpito a morte con un unico colpo al capo che privò l'armata mussulmana del suo emiro. A questo punto i Saraceni cercarono solo di mettersi in salvo e sfuggire alla cavalleria nemica. Per la cavalleria cristiana la battaglia era una grande vittoria e adesso cominciava l'inseguimento e la strage dei fuggitivi che venivano fatti a pezzi appena agguantati. La baldanza dei guerrieri di Ottone nell'inseguire e fare a pezzi i nemici che cercavano di salvarsi porterà i cavalieri cristiani a sparpagliarsi per tutto il campo di battaglia, andando a indebolire l'irresistibile formazione che si era lanciata nella carica iniziale. Proprio questa dispersione delle forze andrà a discapito dell'armata imperiale. I Saraceni infatti non si dettero per vinti dalla perdita del loro condottiero, o forse non se ne avvidero subito, poiché le ali che si erano ritirate nelle fasi iniziali dello scontro si riorganizzarono per lanciarsi inaspettate contro i nemici in un momento per loro molto critico. Alcuni storici ipotizzano in alternativa alla riscossa delle ali saracene la presenza di unità di rinforzo che non avevano partecipato alla prima fase della battaglia ma erano giunte al momento giusto come rincalzi, magari reparti nord Africani che avevano risposto al richiamo della jihad e erano giunti in ritardo, almeno per salvare la vita all'emiro. Questa versione è però riportata dagli "Annali di San Gallo", punto di vista di parte favorevole agli imperiali, per cui è probabile che

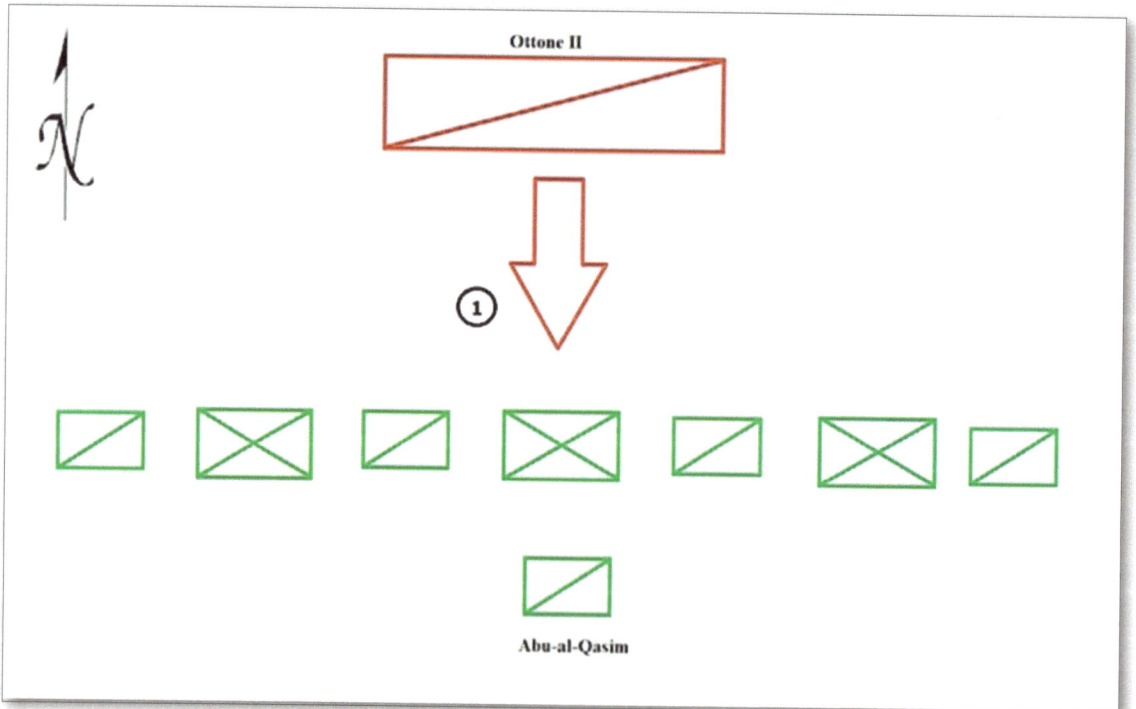

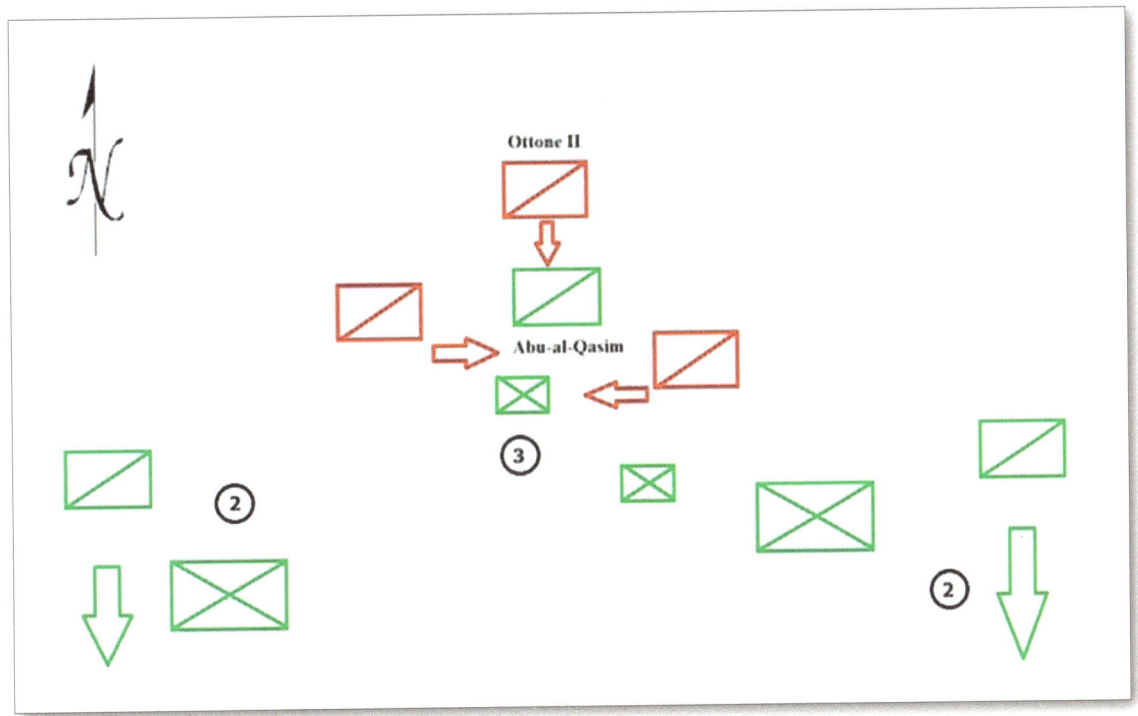

Fasi della battaglia
1) Carica della cavalleria imperiale.
2) Ritirata delle ali musulmane e riorganizzazione delle stesse.
3) Massimo sforzo dei cristiani contro il centro nemico che viene circondato e annientato con la morte dell'emiro e la fuga dei superstiti.

sia un artificio per giustificare la grave sconfitta con un agguato. In realtà lo storico Tietmaro e l'arabo Ibn-el-Athir affermarono che fu la riorganizzazione dell'armata saracena e il successivo contrattacco a sgominare gli imperiali.

I Saraceni riusciranno a cogliere i cristiani alla sprovvista con le loro schiere scompaginate, stringendo l'esercito di Ottone in una pericolosa tenaglia che tagliava ai nemici la via di ritirata verso nord. I cavalieri imperiali si troveranno presto isolati tra loro in gruppi spesso numericamente inferiori al nemico, con i cavalli ormai sfiancati dal lungo combattimento, che si trovavano a fronteggiare gli agili e leggeri cavalieri arabi i quali subissavano i pesanti e corazzati cristiani con un nugolo di frecce da parte degli Arabi e da giavellotti da parte dei Berberi, armi da lancio che colpivano cavalli e cavalieri cristiani rendendoli lenti e vulnerabili una volta al suolo.

In questa situazione gli imperiali non riusciranno a ricostituire una formazione di cavalleria compatta per un contrattacco che avrebbe potuto ribaltare la situazione ma, ormai, ognuno combatteva per la propria vita circondato da una moltitudine di nemici in una girandola infernale. Malgrado la strenua resistenza è a questo punto che cadono centinaia di cavalieri cristiani tra cui i più importanti aristocratici dell'impero. A versare il loro sangue sono i figli di Pandolfo Capodiferro, Landolfo e Pandolfo II che solo l'anno prima erano stati in lotta nella spartizione dell'eredità ducale e ora muoiono affiancati in battaglia, con loro cade anche un loro fratello minore Atenolfo (Atenulf). Molti altri nobili longobardi trovano la morte in combattimento; Ingulfo, Vodiperto e Guido di Sessa. Il tributo di sangue maggiore lo pagarono però i tedeschi. Tietmaro ricorda i numerosi caduti tedeschi: "Così ahimè morirono, il 13 di luglio, Riccardo, che

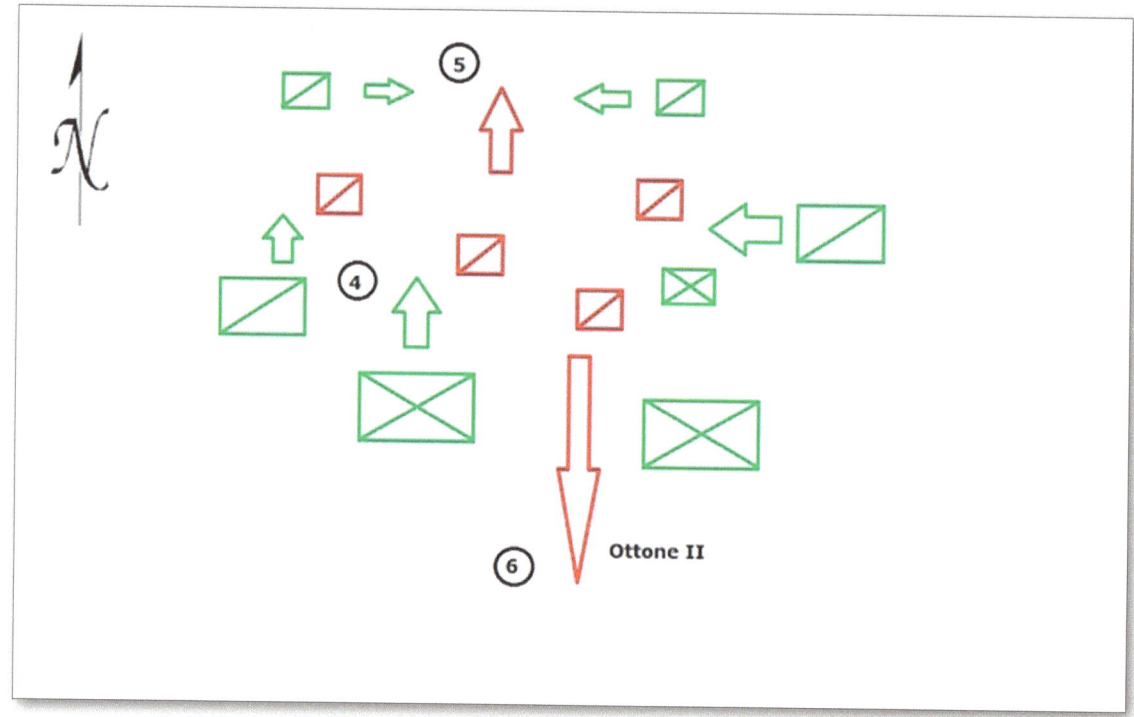

Fasi della battaglia

4) Dispersione delle truppe imperiali e contrattacco musulmano.
5) Accerchiamento delle forze imperiali e loro annientamento.
6) Fuga di Ottone II.

portava la Santa Lancia, il duca Eude, zio, di mia madre (di Tietmaro), i conti Tietmaro, Becelino, Gerardo, Gontiero, Ezelino col fratello Becelino, Burcardo, Dudone, Corrado, e tanti altri il cui nome ora non ricordo: possa Dio ricordarsi di loro!" (Tietmaro di Merseburgo, Cronaca, SRG, III, 12). Tra i caduti illustri anche Günther, Margravio di Meissen e di Merseburgo che si era già distinto in Italia contro i Bizantini sotto il regno di Ottone I e, dopo aver supportato la rivolta di Enrico di Baviera, si era riappacificato con l'imperaotre Ottone II. Anche il vescovo Enrico I di Augusta giaceva tra i caduti.

Pochi i sopravvissuti che riuscirono a sfuggire alla tenaglia saracena che aveva chiuso ogni via di fuga verso Crotone. Tra essi il cugino dell'imperatore, Ottone di Svevia e Baviera che, attardatosi nella fuga con Ottone II, lo aveva presto abbandonato per mettersi in salvo a Rossano alquanto malconcio dove lo ritroverà dopo varie vicissitudini dell'imperatore teutonico. Le gravi ferite riportate in battaglia ne causeranno la morte qualche mese dopo quando, su incarico di Ottone II, stava tornando in Germania per riferire degli eventi di quell'estate. Morirà a Lucca tra il 31 ottobre e il primo novembre. Un altro importante personaggio fuggito alla carneficina ma deceduto in seguito a causa delle ferite riportate fu Werner abate di Fulda.

L'intera cavalleria pesante imperiale era stata così spazzata via in un unica giornata. Per lo storico arabo Ibn-el-Athir i morti assommarono a ben 4.000 uomini, tra questi ben sedici tra conti e marchesi oltre a numerosi vescovi. Molti anche i prigionieri di rango abbastanza facoltosi da potersi permettere di pagare un ricco riscatto. Tra gli ecclesiasti catturati si ricorda Pietro vescovo di Vercelli che dovette subire una lunga prigionia a Alessandria d'Egitto dove, alla fine, fu liberato dopo quasi dieci anni, per poi venire ucciso dagli uomini di Arduino d'Ivrea nella sua sede episcopale una notte dell'inverno 997 durante l'assalto alla sua città.

Anche per i Saraceni le perdite devono essere state elevate, oltre lo stesso emiro molti nobili che lo attorniavano nel centro dello schieramento devono aver trovato la morte nella prima fase della battaglia. Al comando dell'esercito vittorioso si impose da subito Giaber, il figlio dell'emiro Abu-al-Qasim, forse si deve proprio a lui l'iniziativa del contrattacco. Scosso dalla dura giornata o per paura di essere assalito dall'esercito imperiale rimasto a Rossano o, forse, anche dai Bizantini, Giaber affrettò la ritirata verso la Sicilia, ordinando ai suoi di interrompere ogni inseguimento del nemico. Pur rimasti padroni del campo di battaglia i Saraceni abbandonano così i loro caduti lasciando vinti e vincitori a decomporsi sul terreno teatro dello scontro. Giaber nella fretta abbandonò perfino il corpo di suo padre Abu-al-Qasim. Questo fatto scandalizzò i connazionali i quali gli renderanno, invece, il giusto onore ricordandolo come "Il Martire" dedicandogli questa epigrafe: "Giusto, di specchiati costumi, tutto amore ai sudditi, affabile, elemosiniere, che non lasciò ai suoi figliuoli nè una moneta d'oro, nè una d'argento, nè un pezzetto di terreno, avendo legato ogni cosa ai poveri ed opere di carità".

▲ *Corno di segnalazione intarsiato. Italia meridionale, XI secolo (con la lettera scritta a indicare che si trattava di un dono del conte Albrecht III von Habsburg a Kloster Muri nel 1199)*

▲ *La colonna del tempio greco di Hera Lacinia che conferisce il nome all'omonimo Capo e alla battaglia combattuta tra Cristiani e Saraceni nel 982.*

ROCAMBOLESCA FUGA DELL'IMPERATORE

I pochi superstiti della battaglia si ripareranno nell'accampamento a Rossano dove era in attesa il resto dell'esercito imperiale. Dell'imperatore si erano però perse le tracce tanto che era lecito pensare al peggio. Il duca di Svevia, benché ferito gravemente, deve aver raccontato i particolari dello scontro sostenuto a fianco del regale cugino riferendo che, una volta che, la tenaglia saracena venne a chiudersi, inesorabilmente, sull'armata cristiana prima vittoriosa, i due Ottoni avessero cercato di mettersi in salvo verso la spiaggia, venendo poi separati dagli eventi. Possiamo immaginare come a questo racconto l'imperatrice Teofano abbia abbandonato ogni speranza di rivedere il marito, indossando le vesti del lutto.

In realtà Ottone, una volta separatosi dal nipote, si trovò isolato sulla spiaggia con la strada verso il nord e la salvezza sbarrata. Con il nemico alle calcagna del suo cavallo ormai stremato rischiava di essere ucciso o peggio essere catturato dai Musulmani e diventare così il primo imperatore a finire prigioniero di un nemico, oltre che essere il primo imperatore sconfitto in battaglia dall'età di Carlo Magno. Per i Saraceni al contrario la cattura dell'imperatore sarebbe stata la preda più ambita.

Bloccato sulla spiaggia Ottone ebbe un colpo di fortuna nella forma di due navi bizantine che si trovavano al largo della costa, in viaggio dopo aver estorto i regolari tributi alle popolazioni italiche soggette a Costantinopoli. Probabilmente avevano osservato lo svolgersi della battaglia tra i loro due nemici al sicuro in mare aperto. Vistosi ormai pressato da vicino dal nemico Ottone non volle perdere questa occasione di salvezza anche se rischiava di cadere dalla padella alla brace, cadere in mano a pagani, come erano chiamati i Musulmani, era ben peggio che finire catturati da altri cristiani anche se momentaneamente in guerra fra loro.

Così Tietmaro racconta l'incredibile odissea del suo imperatore: "Accompagnato dal nipote Ottone l'imperatore si separò dagli altri e fuggì verso il mare. Vedendo al largo una imbarcazione, di quelle che vengono chiamate "salandra" (nave bizantina), le si avvicinò sul cavallo dell'ebreo Calonimo, ma il battello proseguì senza volerlo accogliere. Tornò ancora a riva, dove trovò l'ebreo tutto preoccupato per la sorte del suo carissimo signore. Questi vedeva avvicinarsi i nemici, e si chiedeva tristemente quale sarebbe stata la sua sorte, poi, ricordandosi che aveva un amico da cui sperava aiuto, spinse di nuovo il cavallo nell'acqua e si avvicinò ad un'altra salandra, che distanziava di poco la precedente. Su quell'imbarcazione si trovava uno dei suoi cavalieri, un certo Enrico detto in slavo Zolunta: questi lo fece salire e lo installò nell'alloggio del capitano, il quale lo aveva riconosciuto e chiedeva se non fosse l'imperatore. Dopo aver tentato di nascondere la propria identità Ottone finì per ammettere: "Si, sono l'imperatore, e a causa dei miei peccati mi trovo in questa penosa situazione. Ho perduto i migliori uomini dell'impero, e nell'angoscia del mio dolore non posso né voglio tornare, e vedere gli amici di quelli che sono morti in battaglia. Mi basta arrivare a Rossano, dove la mia sposa mi attende. Noi la prenderemo a bordo, con i tesori che lei custodisce e ci recheremo dal vostro imperatore dei Greci che è mio fratello (dal tempo in cui Carlo Magno si fece incoronare imperatore i due sovrani, quello di Bisanzio e quello dei Franchi, si davano vicendevolmente il titolo di fratello) e che, come spero, sarà per me un amico nelle difficoltà in cui mi trovo". Conquistato da queste parole il capitano della salandra aderì alla richiesta, e cercò di raggiungere il luogo indicato nel più breve tempo possibile, procedendo notte e giorno. Quando finalmente erano vicini, l'omonimo dell'imperatore (il duca di Svevia) fu inviato dall'imperatore e la fece venire a riva con il vescovo Teodorico di Metz, che era nel suo seguito, e con molte bestie da soma, apparentemente cariche di tesori. Come i Greci videro che l'imperatrice usciva dalla città con tanta ricchezze, posero l'ancora, e fecero salire a bordo il vescovo Teodorico con alcuni compagni. A richiesta del vescovo, l'imperatore si spogliò dei rozzi abiti che portava per rivestirne migliori, e poi, confidando nella sua abilità di nuotatore, si gettò in mare dall'alto della prua. Uno dei Greci, che gli era accanto, cercò di trattenerlo per le vesti, ma piombò al suolo, passato da parte a parte dalla spada dell'ottimo cavaliere Liuppone. L'equipaggio fuggì tutto su un lato della salandra, mentre i nostri si tuffavano verso le zattere che si erano avvicinate e raggiunsero sani e salvi l'imperatore che li attendeva sulla spiaggia. Ora che era al sicuro da ogni pericolo egli voleva onorare le promesse fatte all'equipaggio, ricompensandolo lautamente. Ma i Greci, spaventati, non si fidavano delle promesse ricevute, e presero il largo per tornare alla loro patria. Questa volta, quelli che battevano sempre tutti per astuzia, erano stati giocati da un'astuzia pari alla loro." (Tietmaro di Merseburgo, Cronaca, SRG, III, 12).

Chissà con quale sorpresa il comandante della nave greca deve aver appreso chi fosse il naufrago reduce dalla battaglia vista sulla costa poco prima. Non credendo alla sua fortuna il comandante deve aver dato retta ingenuamente alle offerte di un imperatore che, vedendosi ormai perduto in mano ai suoi nemici, si doveva sperticare nelle promesse e nelle lusinghe per farsi riaccompagnare verso Rossano, dove lo aspettava il resto del suo esercito che non aveva partecipato allo scontro. Una volta raggiunta Rossano l'imperatore con lo stratagemma del pagamento di un riscatto, messo in bella mostra fuori dalla città, riuscì a fare avvicinare la nave sulla quale si trovava alla costa per ancorarsi e far salire il vescovo Teodorico e alcuni uomini. Questi con l'uso della forza bruta spaventarono l'equipaggio greco, permettendo al sire sassone di divincolarsi e di buttarsi in mare seguito dai suoi liberatori.

Possiamo solo immaginare la sorpresa di Teofano, che già vestiva il lutto, nel rivedere Ottone sano e salvo dopo essere stato dato per morto.

Per due volte le capacità natatorie dell'imperatore gli avevano permesso di salvarsi la vita, nuotando lontano dai pericoli nelle calde acque dello Ionio. Sicuramente Ottone deve la vita al servitore giudeo Calonimo che, a prezzo della propria, salvò il suo signore all'ultimo istante dai Saraceni. Così scrive lo storico ottocentesco Michele Amari nella sua "Storia dei Musulmani di Sicilia": "...arrestatoglisi il destriero, un giudeo suo fidato che lo seguiva gli grida: "Prendi il mio e dà pane ai miei figli s'io ci muoio," onde Ottone montato in sella spinse il cavallo in mare; gridò e fe' cenno al nocchiero; e quei tirò dritto. Tornato a proda (riva), trova il giudeo, Calonimo il suo nome, che l'attendeva ansioso di lui non di sè stesso: il cugino era andato, chè già si vedean venire a spron battuto i Musulmani. "E che farò?" esclamava Ottone. "Ma sì ho ancora un amico!" e lanciossi di nuovo nell'onda col cavallo del giudeo. Questi fu ucciso. Ricettò l'imperatore l'altra salandra che passava, conoscendolo un ofiziale schiavone (Zolunta)."(Amari, Storia dei Musulmani di Sicilia - vol. 2). Fu quindi proprio il cavallo di Calonimo che salvò la vita all'imperatore, permettendogli di gettarsi con esso in mare e raggiungere poi a nuoto la nave che lo avrebbe salvato, quando ormai il suo cavallo era ormai sfiancato. Questo, però, grazie al sacrificio di Calonimo che, raggiunto velocemente dagli inseguitori Saraceni, venne fatto a pezzi sulla spiaggia. Secondo l'Amari poi il nome del servitore giudeo Calonimo farebbe supporre un origine calabrese o pugliese visto che probabilmente parlava la lingua dei Greci quando richiamò l'attenzione delle navi greche al largo per chiedere soccorso.

Una volta in salvo all'accampamento di Rossano l'imperatore poteva tirare un sospiro di sollievo dopo tante vicissitudini. Malgrado la dura sconfitta aveva tuttavia ancora abbastanza uomini per respingere una offensiva mussulmana o anche una sortita dei Bizantini che fino ad allora erano rimasti sulla difensiva.

Per Ottone però la campagna militare di quell'anno poteva dirsi conclusa e con l'esercito si mosse lentamente verso Roma dove la notizia della sua disfatta avrebbe dato linfa vitale ai suoi numerosi nemici interni con cui dover fare i conti.

A fine luglio l'armata imperiale era a Cassano in ritirata verso il nord. I primi di agosto fa tappa a Salerno e a settembre a Capua dove si incontra con sua madre Adelaide. Qui cerca di riorganizzare i ducati longobardi rimasti senza principi, caduti in battaglia e per questo infeuda gli ultimi figli di Pandolfo Capodiferro: il ducato di Capua venne assegnato a Landenolfo II, ancora piccolo e, per questo, veniva associato alla madre Aloara. Spoleto fu assegnato a Trasemondo IV, mantenendo così una separazione politica dei ducati longobardi.

A novembre rientra finalmente a Roma dove congeda i superstiti dell'esercito.

▲ *Guerriero appiedato con armatura a lamelle (dal salterio di Stoccarda, circa 920)*

▲*Scontro tra cavallerie avversarie. I cavalieri sono dotati di staffe ma usano ancora La lancia dall'alto verso il basso. (dal libro dei Maccabei di San Gallo del 924 anno Domini).*

CONSEGUENZE

Ottone, fin da subito, aveva in animo di prendersi una rivincita il più presto possibile e cancellare la macchia della disfatta che ne aveva appannato il prestigio. Dopo la sconfitta di Capo Colonna le perdite nell'esercito vennero rapidamente colmate, ma non per quanto riguardava l'alta nobiltà che pagava il tributo di sangue peggiore, cancellando una fetta importante della classe dirigente dell'apparato feudale in tutto l'impero.

L'aristocrazia tedesca in particolare aveva subito un duro colpo in terre lontane, agli estremi confini dell'impero, un cronista tedesco contemporaneo agli avvenimenti scrive: "Il fiore della Patria è stato falciato dal ferro. Caduto è l'onore della bionda Germania". Questo indica quanto fosse l'irritazione in Germania contro chi aveva architettato la spedizione.

La sconfitta andava anche a intaccare direttamente la legittimazione di sovranità dell'imperatore che era direttamente legata alla capacità di vincere nelle battaglie, considerate, all'epoca, alla stregua di un giudizio di Dio. Solo chi aveva il favore del cielo poteva ergersi a paladino e difensore della Fede Cristiana, da cui scaturiva il potere temporale degli imperatori la cui investitura a tale magistero era nelle facoltà del solo papa di Roma, capo spirituale della cristianità. Questo poteva minare il potere interno dell'imperatore in una situazione in cui molta della aristocrazia fedele a Ottone si decomponeva sul terreno di Capo Colonna. Questo pericolo venne risolto dalla risoluta attività dell'imperatore dopo la battaglia volta a riempire i vuoti lasciati dagli aristocratici caduti con feudatari fedeli a lui e alla sua famiglia. Possiamo solo immaginare come l'eventuale morte o cattura dell'imperatore sul campo di battaglia avrebbe avuto conseguenze ben più drammatiche all'interno di un impero dove molti nobili d'alto rango che governavano importanti ducati e marche avevano perso la vita, generando problemi di successione difficilmente risolvibili senza una guida centrale forte, ciò avrebbe certo portato a un lungo periodo di anarchia in tutto l'impero.

Comunque ripercussione ben più gravi vennero dal diffondersi della notizia della sconfitta di Ottone presso i paesi confinanti con l'impero. Comunicazione che giunse perfino ai cugini sassoni del Wessex dove si rimase costernati nell'apprendere che un'armata cristiana era stata sconfitta da barbari pagani che premevano ai confini dell'Europa meridionale.

La notizia pervenne anche ai Danesi che subito approfitteranno nel lanciare razzie a sud del Danevirke, la linea fortificata tra Danimarca e Sassonia realizzata dai Danesi per proteggesi da eventuali invasioni sassoni. Per sventare tale minaccia Bernardo I duca di Sassonia dovette interrompere la sua marcia verso sud in aiuto a Ottone, ritornando nel suo ducato a rintuzzare gli sconfinamenti vichinghi.

Ancora peggiori furono le conseguenze nei territori Slavi occupati dai Tedeschi a est dell'Elba a partire dalla prima metà del X secolo. Malgrado l'attività missionaria queste popolazioni erano rimaste largamente pagane che erano da tempo insofferenti della pesante sottomissione ai Teutoni, non aspettando altro che l'occasione giusta per ribellarsi. Quando già nel 982 si diffuse la notizia della grave sconfitta subita dalle armate imperiali le tribù Slave dei Vendel (o Venedi) e degli Orobiti cominciarono a organizzare l'insurrezione. La rivolta fu violentissima, con l'imperatore ancora impegnato in Italia la difesa ricadde sulle spalle dei coloni tedeschi, in particolare dei Sassoni, che vivevano nelle marche orientali. Molti sedi episcopali di recente formazione vennero devastate portando alla totale perdita delle marche dei Billunghi, di quella

▲ *Situla lotaringia di epoca ottoniana scolpita in avorio attorno. Guerrieri con armature ad anelli metallici e elmi crestati (Museo del duomo di Aquisgrana)*

del Nord (detta anche del Brandeburgo), la marca di Lusazia e parte della marca del Meissen. Solo a fatica contingenti sassoni locali riusciranno a respingere i nemici oltre l'Elba, salvando dalla conquista la stessa Amburgo. Prima della morte di Ottone II, nel dicembre del 983, i Tedeschi erano stati completamente scacciati dalle frontiere orientali, bloccando la "Drang nach Osten", la colonizzazione verso oriente delle stirpi germaniche, per oltre un secolo. La spinta verso oriente del mondo germanico sarebbe ripresa solo all'inizio del XII secolo quando una lenta ma inesorabile penetrazione all'interno del mondo slavo, a est dell'Elba, porterà alla graduale sparizione di quei popoli della cui cultura rimane oggi solo un pallido ricordo in quelle contrade. In Italia le conseguenze maggiori della sconfitta di Capo Colonna ricadranno sui ducati longobardi. Già Ottone aveva provveduto a suddividere i vari ducati tra i figli di Pandolfo Capodiferro, in definitiva indebolendoli nei confronti delle città emergenti come Amalfi e Napoli. Il ducato di Salerno, da subito, fece le spese di questa debolezza, venendo inglobato dal duca di Amalfi Mansone a cui subentrò presto Giovanni II. La frammentazione politica non si ricompose più rendendo endemica la debolezza di queste regioni che perdurò fino all'arrivo dei Normanni. La stessa aristocrazia longobarda era una piccola componente etnica nei ducati del sud che ogni battaglia contribuiva a erodere, dove la giornata infausta di Capo Colonna favorì non poco a sfoltirne i ranghi che difficilmente potevano essere rimpiazzati, indebolendo tutta la classe dirigente longobarda. Questo poi andava a incidere con una composizione etnica non omogenea che rendeva ancor più fragili i ducati longobardi, rendendoli politicamente deboli nei confronti di minacce esterne. Ciò spiega anche la scarsa tenuta morale degli eserciti longobardi dell'ultimo periodo che facilitò la rapida conquista normanna. Prova ne fu il comportamento dei guerrieri longobardi alla battaglia di Civitate del 1053 dove fuggirono in massa disertando il campo di battaglia, lasciando a combattere contro i Normanni solo i valorosi guerrieri svevi, concludendo ignominiosamente la storia dei ducati longobardi.

Pur essendo rimasti padroni del campo di battaglia i Saraceni non riuscirono a trarre vantaggio dalla inaspettata vittoria di Capo Colonna. Le perdite dovettero essere pesanti anche per loro, senza considerare la morte dell'emiro che costringeva Giaber a ritornare precipitosamente a Palermo, anche per dirimere eventuali dispute sulla successione al governo dell'isola. Giaber non rimarrà a lungo a governare la Sicilia, sostituito dai Fatimidi dal cugino Jafar ibn Muhammad che regnerà dal 983 al 986. I nuovi signori della Sicilia non cercheranno più di occupare il continente con una spedizione militare in grande stile, approfittando del momento politicamente favorevole di debolezza e frammentazione dei nemici locali, con i ducati longobardi irrimediabilmente divisi e le città bizantine squassate dalle rivolte, cose che avrebbero permesso ai Saraceni d'ipotecare una definitiva occupazione dell'Italia meridionale, galvanizzati dalla vittoria sulle truppe imperiali, sia pure di misura. In realtà per i Saraceni di Sicilia Stilo sarà una vittoria di Pirro non sfruttata dal punto di vista strategico contro i loro secolari nemici. I Saraceni tenteranno ancora di assediare nel corso di razzie alcune località bizantine di Calabria e Puglia, nel 984 assedieranno Crotone e nel 991 saranno di nuovo sotto le mura di Taranto, il tutto senza successo ne convinzione da parte degli invasori, forse solo aumentando la loro forza navale i Saraceni avrebbero certo messo in difficoltà i possedimenti bizantini in Italia cosa che invece non fecero. Le scorrerie andranno sempre più scemando nel tempo. Gli ultimi inutili tentativi di conquista riguarderanno i deboli ducati di Benevento e Capua all'inizio dell'XI secolo ma ormai la spinta offensiva saracena nel Mediterraneo si era conclusa. Presto i Saraceni di Sicilia avrebbero dovuto difendersi dai nuovi arrivati: i Normanni.

Gli unici a trarre vantaggio dagli eventi di Stilo saranno coloro che furono solo spettatori della battaglia e cioè i Bizantini che, rimanendo asserragliati nelle loro città in attesa che fosse passata la furia teutonica di Ottone, si ritrovarono liberati dai loro nemici che si erano annientati vicendevolmente. I Musulmani si erano ritirati nella loro isola a leccarsi le ferite mentre i ducati longobardi potevano solo pensare a difendersi.

L'unico che ancora poteva impensierire le città greche in Italia era un Ottone smanioso di ottenere la rivincita contro gli islamici, tanto da preparare, insieme ai veneziani, un progetto d'invasione della Sicilia, concependo di gettare un ponte di barche sullo stretto, quasi a anticipare il ponte sullo stretto vagheggiato in tempi più recenti. In realtà l'imperatore dovette interrompere la sua spedizione del 983 ai confini col Téma di Longobardia per la morte del papa e la necessità per l'imperatore di essere a Roma per eleggere il successore nella persona del vescovo di Pavia con il nome di Giovanni XIV, lo stesso a cui Ottone si confesserà in maniera pubblica, ad alta voce e in latino, quando verrà colpito da una forte febbre dissenterica che lo porterà a morire il 7 dicembre 983, trovando pace in un sarcofago delle Grotte Vaticane. A questo punto i Bizantini non saranno impensieriti neppure dal figlio ed erede al trono Ottone III la cui prematura morte, a ventidue anni, non permise di poter mettere in atto i suoi grandiosi programmi per l'impero. Mentre Enrico II effettuerà solo una fugace e infruttuosa puntata offensiva in Puglia nella primavera del 1022.

Le uniche insidie che dovranno affrontare i Bizantini in Italia saranno provocate dai loro stessi sudditi che, stanchi del continuo malgoverno, si ribelleranno più volte. In particolare Bari tra il 1009 e il 1018 per ben due volte tenterà di svincolarsi dalla guida di Costantinopoli sotto la guidata di Melo di Bari, anche con l'aiuto dei primi mercenari normanni presenti in Italia meridionale. La sanguinosa battaglia di Canne del 1018 metterà fine a questa rivolta interna, aprendo però la successiva stagione dell'invasione normanna del Téma di Longobardia.

▲ *Cavalieri alla carica in formazione compatta e lancia in resta. Gli scudi nel mosaico di Bobbio sono ancora di tipo rotondo denotando un certo anacronismo di una rappresentazione più consona alla fine del X secolo piuttosto che al XI/XII secolo.*

CONCLUSIONI

Michele Amari, nella sua "Storia dei Musulmani di Sicilia" così scrive sulle ultime vicissitudini politiche della vita dell'imperatore Ottone II: "E veramente, soggiornato alquanto a Capua, passò nell'Italia di sopra, adunò nel novecentottantatrè la dieta dell'Impero a Verona, s'apprestò a far vendetta sopra la Sicilia, vantossi di gittare un ponte di barche su lo stretto di Messina, e venne a morire a Roma; meno avventuroso d'Abu-I-Kâsem, ch'era caduto sul campo di battaglia. Dove la stirpe arabica pagò alla stirpe italiana l'affitto della Sicilia, coi buon colpi che sbaragliarono un esercito germanico e fecero morire di rabbia e disagi l'imperatore, l'Ottone, passeggiante ormai sull'estrema punta della penisola. E forse Salernitani, Romani, e Italiani d'altre province tratti a forza sotto l'insegna imperiale, benedissero le scimitarre orientali che loro balenavano dinanzi gli occhi. Prepotente forza delle necessità geografiche su le vicende delle nazioni, a vedere i Musulmani di Sicilia, guelfi innanzi tratto, guadagnare in Calabria una prima Legnano".

Malgrado un evidente anacronismo antigermanico dovuto a preconcetti nazionalisti tipici del Risorgimento italiano del XIX secolo, l'autore definendo Capo Colonna come una prima Legnano individua un parallelismo con la più nota sconfitta imperiale contro la Lega Lombarda del 1176. In entrambi i casi le sconfitte furono disastrose, con Ottone che, come il Barbarossa, rischiò di annegare nel tentativo di sfuggire al nemico. Le analogie però si fermano a questo. A Legnano furono dei sudditi dell'impero a ribellarsi nella richiesta di una maggior autonomia fiscale e politica, sempre riconoscendosi parte dell'impero e, di conseguenza, accettando il ruolo di sovrano dell'imperatore. A Capo Colonna l'esercito imperiale, giungendo dall'Europa cristiana, marciava in modo compatto contro un'armata di invasori che ambiva a strappare le terre agli abitanti autoctoni sovvertendone l'ordine costituito tramite l'imposizione di una nuova religione e di una cultura estranea a quella Europea. Opponendosi all'Islam Ottone compiva il suo dovere, adempiendo al ruolo per cui era stato investito dell'autorità imperiale di " defensor Ecclesiae" e, di conseguenza, di difensore della comunità di cui era responsabile contro minacce esterne. Allo stesso modo dello scontro di Lechfeld che fermò definitivamente i Magiari, anche l'evento di Capo Colonna portò a mettere dei limiti alle conquiste territoriali dei Saraceni di Sicilia. Anche se i cristiani vennero sconfitti i Saraceni avevano pagato la vittoria a caro prezzo con la perdita di molti uomini e, soprattutto, del loro condottiero, rendendo Capo Colonna una vittoria di Pirro, resa evidente dal veloce sganciamento Saraceno dal campo di battaglia e la conseguente crisi politica dovuta alla successione dell'emirato siciliano. Questo bloccò ogni altro successivo serio tentativo di conquista del continente, limitando la offensive saracene a incursioni predatorie, anche se, a volte, su larga scala, rimanendo sulla difensiva fino all'arrivo dei Normanni che ricacciarono in mare i Saraceni, sostituendo l'occupazione islamica con il ritorno della civiltà occidentale e cristiana.

Capo Colonna fu la più importante battaglia campale combattuta sul suolo italiano dalla fine delle guerre gotiche e una delle principali dell'alto medioevo europeo. Malgrado ciò il luogo della battaglia è stato a lungo dibattuto con alcuni storici del passato che propendevano per la piana di Stilo nei pressi dell'omonima punta lungo la costa. La mancanza di riferimenti al villaggio di Stilo e ai corsi d'acqua che solcano la piana verso Punta Stilo fa propendere gli storici a pensare che la località della battaglia si trovi molto più a nord, da identificarsi definitivamente presso la costa di Capo Colonna, in greco infatti la solitaria colonna era chiamata stilo.

Un'altra questione difficilmente risolvibile riguarda la provenienza dei guerrieri saraceni lanciati

▲ *Cavalieri in battaglia da un manoscritto dei primi del XI secolo.*

al contrattacco della baldanzosa cavalleria cristiana che, considerandosi vittoriosa, si era dispersa lungo il campo di battaglia. Per alcuni si sarebbe trattato di rinforzi giunti al momento opportuno per ribaltare le sorti della battaglia ma non abbastanza solleciti per salvare la vita all'emiro Abu-al-Qasim. È però difficile pensare che l'emiro sia riuscito a mobilitare altre forze in Sicilia in breve tempo, proprio nel momento in cui era in ritirata verso la sua isola e costretto a dare battaglia dalla velocità del nemico che lo aveva alla fine raggiunto. Più che l'arrivo di rinforzi è plausibile che sia avvenuta una riorganizzazione delle ali saracene, agevolate dall'impegno della cavalleria imperiale contro la decisa resistenza del centro saraceno guidata dall'emiro, il cui sforzo permise ai Saraceni di riordinare le loro linee e scatenare il contrattacco nel momento di maggior disorganizzazione della cavalleria pesante imperiale nel rispondere in modo coordinato al nemico.

Se i fatti avvennero in questa modalità si dimostra una netta capacità tattica saracena nel mantenere il controllo delle truppe dopo la ritirata, superiore a quella dell'esercito cristiano costituito da soldati professionisti. Le truppe imperiali imbaldanzite dal successo contro le truppe del centro islamico si dispersero intente a inseguire i nemici e a razziare l'accampamento avversario, tanto che al momento del contrattacco saraceno non furono più in grado nel mantenere unite le truppe per rispondere alla minaccia in modo adeguato.

Malgrado ciò vi è da riscontrare come la carica della cavalleria imperiale a ranghi serrati sia ormai divenuta una tattica collaudata, irresistibile per truppe non abituate a questo tipo di combattimento. Nei secoli a venire le armate dell'Europa occidentale colsero numerose vittorie contro gli eserciti arabi utilizzando questa tattica di cavalleria, riuscendo spesso vincitori nel periodo delle crociate anche contro forze soverchianti. Per i loro nemici orientali l'unica possibilità di sconfiggerli stava nel logorarli o nello sfruttare la maggior mobilità dei loro eserciti cercando di isolare i cavalieri occidentali e affrontarli da più lati, così come accadde a Capo Colonna.

Capo Colonna riveste anche un'importanza simbolica essendo la prima grande disfatta subita da un imperatore germanico con conseguenze nefaste per il prestigio imperiale presso i popoli sottomessi, come gli Slavi che colsero l'occasione per ribellarsi. Malgrado il clamore iniziale la battaglia con i suoi protagonisti cadde presto nel dimenticatoio, probabilmente questo avvenne perché fu, in definitiva, una sconfitta per entrambi gli schieramenti senza veri vincitori che ne potessero rivendicare il ricordo.

INDICULUS LORICATORUM

Il vescovo Herkenbald [di Strasburgo], dovrebbe inviare 100 cavalieri in armatura. L'abate di Murbach dovrebbe portarne 20 con lui. Il vescovo Balzzo [di Speyer] dovrebbe inviarne 29. Vescovo Ildebald [di Worms] dovrebbe inviarne 40. L'abate di Weissenburg dovrebbe inviarne 50. L'abate di Lorsch dovrebbe inviarne 50. L'arcivescovo di Magonza dovrebbe inviarne 100. Il Vescovo di Colonia dovrebbe inviarne 100. Il vescovo di Würzburg dovrebbe inviarne 60. L'abate di Hersfeld dovrebbe inviarne 40. Conte Heribert dovrebbe portarne 30 e il figlio di suo fratello deve o venire con 30 o inviarne 40. Megingaud, con l'aiuto di Burchard, dovrebbe portarne 30. Cono, figlio del duca Cono dovrebbe portarne 40. Dal ducato di Alsazia, 70 deve essere inviato. Bezolino, figlio di Arnusto, dovrebbe portarne 12. Azolino, figlio di Rudolf, dovrebbe inviarne 30. Oddo, fratello di Gebizo, dovrebbe inviarne 20. Conte Hezel dovrebbe portarne 40. L'abate di Uultensis dovrebbe inviarne 60. Conte Guntram dovrebbe portarne 12. Unger dovrebbe portarne 20. Signore Sicco, fratello dell'imperatore, dovrebbe portarne 20. Otto dovrebbe portarne 40.

▲*Guerrieri della longobardia minores da un Exultet Roll (manoscritto di grosse dimensioni) dell'Italia meridionale. L'usbergo ha la caratteristica spaccatura verso il basso tipica dei cavalieri. (circa 985-987, Exultet Beneventano Ms. Vat. Lat. 9820 ora nella Biblioteca Apostolica Vaticana)*

Dal Duca Carlo [della Bassa Lotaringia] è stato lasciato a casa come custode della patria, egli deve inviarne Boso con 20. Il vescovo di Cambrai dovrebbe inviarne 12. [In margine: Adalbert dovrebbe portarne 30]. Geldulf con l'aiuto degli abati di Inde e Stavelot dovrebbe portarne 12. conte Dietrich dovrebbe mandare suo figlio a 12. Conte Ansfred dovrebbe inviarne 10. Marchesi Gotfried e Arnulf deve inviarne 40. Figlio del conte Sicco dovrebbe portarne 30 con lui. L'abate di Prüm dovrebbe portarne 40. L'arcivescovo di Treviri dovrebbe portarne 70. Il vescovo di Verdun dovrebbe portarne 60. Il vescovo di Toul deve inviarne 20. L'arcivescovo di Salisburgo dovrebbe inviarne 70. Il vescovo di Ratisbona dovrebbe inviarne lo stesso numero. Abraham [vescovo di Frisinga] dovrebbe inviarne 40. vescovo Reginald [di Eichstädt] dovrebbe portarne 50. vescovo Alboino [di Sabionensis] dovrebbe portarne 20. Il vescovo della città di Augusta dovrebbe portarne 100. Il vescovo di Costanza dovrebbe inviarne 40. Il vescovo di Coira dovrebbe inviarne 40. L'abate di Augensis dovrebbe portarne 60. L'abate di San Gallo dovrebbe portarne 40. L'abate di Eloganga dovrebbe portarne 40. L'abate di Kembeduno dovrebbe portarne 30.

TABELLE

Principato di Capua	Pandolfo I Capodiferro 961–981	Landolfo IV 981–982	Landenulfo 982-993	
Principato di Benevento	Pandolfo I Capodiferro 961–981	Landolfo IV 981–981	Pandolfo II il Vecchio 981-1014	
Ducato di Spoleto	Pandolfo I Capodiferro 978–981	Landolfo IV 981–981	Trasimundo IV 981-989	
Principato di Salerno	Pandolfo I Capodiferro 967–981	Pandolfo II 981-981	Mansone I 981-983	Giovanni II di Lamberto 983-999
Ducato di Amalfi	Mansone I 966-1004			

Tabella riassuntiva dei principati della Longobardia minor con indicati i rispettivi signori feudali e la durata del loro regno. Si può osservare come alla morte di Pandolfo Capodiferro e l'intervento di Ottone II nel 981 i principati vennero divisi e indeboliti.

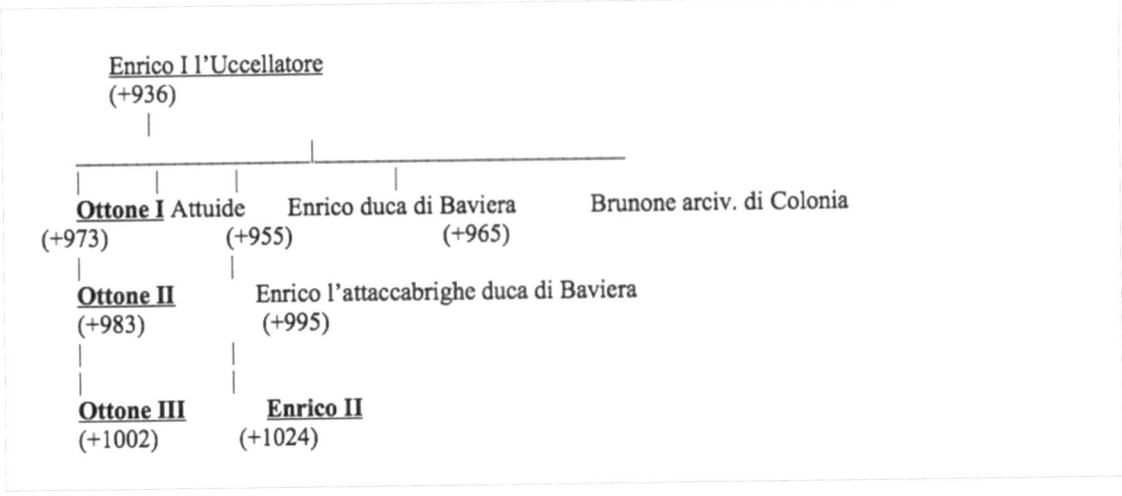

Dinastia Sassone con evidenziati gli imperatori in grassetto e sottolineato i re di Germania.

CRONOLOGIA

800 Carlo Magno viene incoronato imperatore a Roma il giorno di Natale.

814 Morto Carlo Magno gli succede sul trono imperiale Ludovico il Pio (814-840).

827 Inizia la conquista araba della Sicilia.

840-855 Regno di Lotario.

843 Il trattato di Verdun, pone fine alla contesa ereditaria tra i figli di Ludovico il Pio. Lotario ottiene il possesso dell'Italia, della Borgogna e della Lorena.

849 Saccheggio delle basiliche romane esterne alla protezione delle mura aureliane da parte dei Saraceni.

849 Vittoria navale di Ostia sui Saraceni.

855-875 Ludovico è imperatore e re d'Italia a cui succede dopo un'aspra lotta Carlo II il Calvo (875-877), già re di Francia.

878 Conquista Saracena di Siracusa.

879 Carlomanno (877-880) re d'Italia e di Baviera lascia il governo dell'Italia al fratello Carlo il Grosso.

881 Carlo III il Grosso è re d'Italia e imperatore.

887 Deposizione di Carlo il Grosso e disgregazione dell'impero carolingio.

888 Il Regno d'Italia passa a Berengario I del Friuli, nipote di Ludovico il Pio.

889 Berengario è sconfitto da Guido, duca di Spoleto, e si ritira nella marca del Friuli.

891 Guido di Spoleto è incoronato imperatore e il figlio Lamberto gli viene associato come re d'Italia e come imperatore (892).

896 Arnolfo di Carinzia sceso in Italia contro Lamberto di Spoleto, è incoronato a sua volta imperatore da papa Formoso.

899 Scomparsi Arnolfo e Lamberto, Berengario si riprende la corona d'Italia, ma viene sconfitto dagli Ungari sul Brenta.

900 Ludovico, re di Provenza, chiamato dai signori italiani contro Berengario, è incoronato re d'Italia, ma è poi vinto da Berengario (905).

915 Incoronazione imperiale di Berengario a Roma. Battaglia del Garigliano: una lega di forze bizantine, papali e longobarde condotte dal papa Giovanni X sconfigge i Saraceni e distrugge la loro base.

919 Enrico l'Uccellatore re di Germania (919-936).

921 I grandi feudatari italiani si ribellano a Berengario e chiamano in Italia Rodolfo II di Borgogna, che sconfigge Berengario e si fa nominare re d'Italia (923).

924 I feudatari italiani abbandonano Rodolfo II e si appellano a Ugo di Provenza.

926 Ugo di Provenza scende in Italia contro Rodolfo che si ritira, permettendogli di ottenere la corona del Regno d'Italia (926-946).

936 Ottone I incoronato re dei Franchi e dei Sassoni.

948 Muore Ugo di Provenza lasciando erede a regno d'Italia il figlio Lotario.

950 Alla morte di Lotario di Provenza, Berengario d'Ivrea suo ministro viene incoronato re d'Italia.

951 Ottone I di Sassonia, re di Germania, scende in Italia per sostenere i diritti di Adelaide vedova di Lotario, e, battuto Berengario assume il titolo di re dei franchi e degli italici. L'anno successivo concede l'investitura regia a Berengario II e al figlio Adalberto.

955 (10 agosto) Battaglia di Lechfeld e definitiva vittoria dei Germani contro gli Ungari.

955 (ottobre) Ottone I sconfigge gli Slavi nella battaglia di Recknitz.

962 Ottone I, sceso in Italia chiamato dal papa Giovanni XII contro Berengario II (961), viene incoronato imperatore.

963 Giovanni XII viene deposto.

964 Berengario è catturato ed esiliato da Ottone I.

964 (25 ottobre) Battaglia di Rometta.

965 Conquista mussulmana di Rometta che completa l'occupazione Saracena in Sicilia.

967 Dopo aver fatto incoronare coimperatore il figlio Ottone II, Ottone I tenta di annettere l'Italia meridionale.

969 Abu-al-Qasim diviene emiro della Sicilia, terzo della dinastia dei Kalbiti.

973 Morte di Ottone I sostituito dal figlio Ottone II.

973 Trasferimento del califfato Fatimide al Cairo

976 Morte dell'imperatore bizantino Giovanni I Zimisce.

977-978 Guerra dei tre enrichi.

978-981 Saccheggi Saraceni generalizzati nell'Italia meridionale.

980 Spedizione in Italia di Ottone II.

981 (marzo) Morte di Pandolfo Capodiferro.

981 (autunno) Campagna di Ottone II nelle Puglie contro i Bizantini, interrotta per la situazione di instabilità nei principati longobardi.

982 (marzo-giugno) Assedio di Taranto e poi Bari da parte di Ottone II.

982 (13/14 luglio) Battaglia di Capo Colonna (detta anche battaglia di Stilo).

982 (autunno) Rivolta delle marche orientali dell'impero.

983 (7 dicembre) Morte di Ottone II a Roma, unico imperatore germanico sepolto nella Città Eterna a San Pietro.

983-1002 Regno di Ottone III.

BIBLIOGRAFIA

Tietmaro di Merseburgo, Cronaca, SRG, 11, 20 – III, 12. Antologia delle fonti altomedievali

Widukindo di Korvey, Gesta dei Sassoni, SRG, III, 71-73. Antologia delle fonti altomedievali

Muratori, Lodovico Antonio, Annali d'Italia (volume 13). Venezia Presso A. Curti q. Giacomo, nella Tip. Pepoliana

Michele Amari, Storia dei Musulmani di Sicilia - vol. 2 www.liberliber.it Mino Milani, ARDUINO e il regno italico, DeAgostini

Hagen Keller, Gli ottoni, Carocci editore

M. Windrow, The Armies Of Islam 7th-11th Centuries. Osprey Military

D. Nicolle, Italian Medieval Armies (1000-1300). Osprey Military

D. Nicolle, Carolingian-Cavalryman-AD-768-986. Osprey Military

D. Nicolle, The Age of Charlemagne. Osprey Military

D. Nicolle, Tattiche dell'Europa Medievale, Bam

A. Barbero, C. Frugoni, Dizionario del Medioevo, 1994 Edizioni Laterza

David Stewart Bachrach, Warfare in Tenth-century Germany. The Boydell Press, Woolbridge

John W. Bernhardt, Itinerant Kingship and Royal Monasteries in Early Medieval Germany, C.936-1075. Cambridge University Press

M. Scardigli, Le battaglie dei cavalieri. Mondadori

A. Settia, Rapine, assedi, battaglie, Laterza

P. Giudici, Storia d'Italia, Nerbini

Storia Mondiale Cambridge, Garzanti

Storia d'Italia, Einaudi

www.ingramcontent.com/pod-product-compliance
Lightning Source LLC
Chambersburg PA
CBHW041458120626
46547CB00003B/470